马克思主义
100个关键词

李宏民 著

辽宁人民出版社

图书在版编目（ＣＩＰ）数据

马克思主义 100 个关键词 / 李宏民著 . — 沈阳 ：辽宁人民出版社，2024.1
ISBN 978-7-205-10792-5

Ⅰ . ①马… Ⅱ . ①李… Ⅲ . ①马克思主义－研究
Ⅳ . ① A81

中国国家版本馆 CIP 数据核字（2023）第 123982 号

出版发行：辽宁人民出版社
　　　　　地址：沈阳市和平区十一纬路 25 号　邮编：110003
　　　　　电话：024-23284321（邮　购）　024-23284324（发行部）
　　　　　传真：024-23284191（发行部）　024-23284304（办公室）
　　　　　http://www.lnpph.com.cn
印　　刷：成都市兴雅致印务有限责任公司
幅面尺寸：170mm×240mm
印　　张：16
字　　数：200 千字
出版时间：2024 年 1 月第 1 版
印刷时间：2024 年 1 月第 1 次印刷
责任编辑：董　喃
装帧设计：悟阅文化
责任校对：吴艳杰
书　　号：ISBN 978-7-205-10792-5

定　　价：78.00 元

序言

马克思主义照耀人类解放的伟大征程

千百年来，大千世界，芸芸众生，有谁把劳苦大众当人看？在宗教神学中，劳苦大众是跪拜在他们面前的奴仆；在封建贵族面前，劳苦大众是世世代代任他们驱使的奴隶。

人类历史进入19世纪，马克思把目光投向了"人"，如同达尔文从自然界的胚胎中发现了"人"，马克思从贫民窟中发现了"人"。年轻的马克思的"第一眼"发现的是黑暗的资本主义社会对人的剥削和压迫：他发现的是生产线上像机器一样不停干活的童工，他发现的是那些目光呆滞、精神迟钝、身体畸形的工人，他发现的是他的家乡莱茵市每年因捡落枯树枝而被定为"盗伐林木罪"的十多万的农民，他发现的是那些在宗教神学统治下背着"十字架"艰难爬行的劳苦大众。

难道这就是人的命运吗？难道这命运不能改变吗？马克思无法背向人间的苦难，他立志要推翻这个现存的黑暗社会。从此，马克盯住了"人"。

他用唯物主义视野探寻人的源头，让人成为创造"历史的人"。

是人创造历史，还是神创造历史？神学家们认为，是神创造历史，人只是历史的奴仆。

马克思用历史唯物主义探寻人类历史的源头，在粗糙的物质中发现了人类历史的发源地，揭示出劳动创造人，猿人的洞穴就是人类历史的源头，物质生产交往方式推动人类社会发展。马克思指出："创造这一切、拥有这一切并为这一切而斗争的，不是'历史'，而正是人，现实的、活生生的人。'历史'并不是把人当做达到自己目的的工具来利用的某种特殊的人格。历史不过是追求着自己目的的人的活动而已。"[1]人是历史活动的主体，是历史发展的根本动力。

坚硬的石头砸碎千年的神，不是神创造历史，而是人创造了历史。把神送进历史，把历史还给人。马克思用历史唯物主义找到了"创造历史的人"。

他站在人类的高度思考人的地位，让人成为"平等的人"。

人是生而平等还是生而不平等？历代统治者都用宗教和神学愚弄人民，散布"人的命天注定""奴隶生下是奴隶，君主生下是君主"，于是，劳动人民只能一代一代地服从命运的安排，当牛做马。

马克思第一个站在人类解放的高度，发出"一切人都是平等"的呐喊。马克思把追求人的平等作为奋斗目标，第一次把平等观置于科学的基础之上，站在更宽广的视野指出"一切人，或至少是一个国家的一切公民，或一个社会的一切成员，都应当有平等的政治地位和社会地位"[2]。这里的"一切人"涵盖了马克思所关注的妇女、儿童、流浪者、黑人、奴隶，涵盖了一切被压迫、被剥削的人。为了实现人的平等，马克思呼吁："必须推翻那些使人成为被侮辱、被奴役、被遗弃和被蔑视的东西的一切关系"[3]，让人成为"平等的人"。

马克思的平等观如同一道闪电照亮了黑暗，戳穿了统治阶级利用宗教神学压迫人民的神话，他向被压迫、被奴役的人民呼喊"站起来吧！人们！"

---

[1]《马克思恩格斯全集》第二卷，人民出版社1957年版，第118—119页。

[2]《马克思恩格斯选集》第三卷，人民出版社1995版，第444页。

[3]《马克思恩格斯选集》第一卷，人民出版社1995版，第10页。

他用社会科学的观点分析人的本质，让人成为"社会的人"。

人的本质是什么？马克思认为，人不仅是有血有肉的生物，还是社会的人，人的社会性才是人的本质。人不是孤立的、抽象的人，脱离社会实践的人，而是具体的、现实的、在社会实践中生活的人。孤岛上的鲁滨逊也是社会的人。马克思指出，人就是人的世界，就是国家、社会，必须从社会关系出发，才能把握人的本质。人是一切社会关系的总和。人是社会化的人，必须从社会的视角认识人，从社会关系出发才能把握人的本质，人的自由和解放也必须与社会变革紧紧连在一起。

马克思用阶级分析的观点发现人的背后包含着人身依附关系，人的背后是阶级、是社会、是国家、是政治。马克思认为，在阶级社会中每个人都属于一定的阶级，都带着阶级的烙印。奴隶主和奴隶、资本家和雇工、无产阶级和资产阶级、统治者和被统治者，这些人都带着阶级的烙印。因此，要改变被剥削被压迫人的命运，必须推翻资本主义制度，将人解放出来。

他用政治经济学的目光剖析人的价值，让人成为"为自己劳动的人"。

劳动创造了人，也创造了历史，劳动是一切财富的源泉。然而由于私有制的存在，劳动被异化了。社会分工不是出于自愿而是出于自发，劳动是一种异己的力量，带来的是劳动异化。工人的劳动不是为自己劳动而是为资本劳动，不是自由劳动而是被强迫劳动，劳动不是成为人的第一需要而是成为人的折磨和痛苦，马克思在《资本论》中将这种状态概括为"工人是以摧残生命的方式维持生命"。因此，马克思关于人的解放学说就是让劳动从"被劳动"中解放出来为自己而劳动，从强迫劳动中解放出来成为自由劳动。让劳动成为人的第一需要，然人成为"为自己劳动的人"。

他用无产阶级革命的学说改变人的命运，让人成为"自己的人"。

马克思说："任何一种解放都是把人的世界和人的关系还给人自己。"[1]一个"还"字无疑说明平等权是人与生俱有的，每个人都应该享有平等的民主、政治、经济、生活等各种权利。无产阶级革命就是把人的解放还给自己，使人的自由回归自己，使人成为自己的主人，社会的主人。

如何使人得到解放？马克思认为，个人的发展和解放就是不断地从自然关系和社会关系中解放出来。马克思批判宗教神学，把人从神学宗教的束缚中解放出来；批判异化劳动对人性的扭曲，揭露资产阶级对人的剥削压迫，把人从资本的奴役下解放出来；阐述人与自然相互依存、须臾不可分割的关系，把人从自然界的束缚中解放出来。

马克思不仅解放了人，还提升了人。人的解放不仅取决于自然界和社会与人的关系，而且取决于人本身的发展程度，即人的个性与能力的发展。工人阶级在改造客观世界的同时，也要不断改造自己的主观世界，不断抛弃自己身上肮脏的东西。只有这样，人类才能越来越成为自己和社会结合的主人，越来越成为自然界的主人，越来越成为自己本身的主人，越来越成为自由而全面发展的人。

习近平总书记在纪念马克思诞辰200周年指出："马克思主义是人民的理论，第一次创立了人民实现自身解放的思想体系。马克思主义博大精深，归根到底就是一句话，为人类求解放。在马克思之前，社会上占统治地位的理论都是为统治阶级服务的。马克思主义第一次站在人民的立场探求人类自由解放的道路，以科学的理论为最终建立一个没有压迫、没有剥削、人人平等、人人自由的理想社会指明了方向。"

在马克思主义的指引下，被压迫、被奴役的中国人民从此站起来了。中华人民共和国成立以来，中国共产党继续高举马克思主义人类

---

[1]《马克思恩格斯全集》第一卷，人民出版社1956年版，第443页。

解放的伟大旗帜，使中华民族屹立在世界东方，跻身于世界民族之林。走进新时代，习近平新时代中国特色社会主义思想继承和发展了马克思主义，旗帜鲜明地坚持人民立场，把"人民"二字写在共产党的旗帜上，把"一切为了人民，一切依靠人民"作为一切工作的宗旨，把人民对美好生活的追求作为共产党人的奋斗目标，依靠人民创造民族复兴的历史伟业。

马克思主义照耀着我们，照耀着人类解放的伟大征程。

目录
CONTENTS

序言　马克思主义照耀人类解放的伟大征程 ┈┈┈┈┈┈┈ 001

第一部分
物质生产是人类历史的发源地 ┈┈┈┈┈┈┈┈┈┈┈ 001

劳动—— ┈┈┈┈┈┈┈┈┈┈┈┈┈┈┈┈┈┈┈ 001

直立—— ┈┈┈┈┈┈┈┈┈┈┈┈┈┈┈┈┈┈┈ 006

劳动力—— ┈┈┈┈┈┈┈┈┈┈┈┈┈┈┈┈┈ 008

进化—— ┈┈┈┈┈┈┈┈┈┈┈┈┈┈┈┈┈┈┈ 010

粗糙—— ┈┈┈┈┈┈┈┈┈┈┈┈┈┈┈┈┈┈┈ 012

寻找—— ┈┈┈┈┈┈┈┈┈┈┈┈┈┈┈┈┈┈┈ 013

当头一棒—— ┈┈┈┈┈┈┈┈┈┈┈┈┈┈┈ 015

吃、喝、住、穿—— ┈┈┈┈┈┈┈┈┈┈┈ 016

破天荒—— ┈┈┈┈┈┈┈┈┈┈┈┈┈┈┈┈┈ 018

空白—— ┈┈┈┈┈┈┈┈┈┈┈┈┈┈┈┈┈┈┈ 021

开辟—— ┈┈┈┈┈┈┈┈┈┈┈┈┈┈┈┈┈┈┈ 023

归根到底—— ┈┈┈┈┈┈┈┈┈┈┈┈┈┈┈ 024

第二部分

幸福将属于千百万人 026

千百万人—— 026

友谊—— 028

爱情—— 031

公然—— 033

革命家—— 035

灵巧的细手—— 036

驱逐—— 038

一钱不值—— 041

私敌—— 042

叫花子—— 044

第二提琴手—— 046

怀疑—— 047

徘徊—— 049

第三部分

天才般的大脑 051

埋头—— 051

空谈—— 054

忽略—— 055

汲取—— ·· 057

最强大脑—— ·· 060

读书—— ·· 063

大英博物馆—— ·· 064

第四部分
他的目光 ·· 066

锐利目光—— ·· 066

借助—— ·· 068

规律—— ·· 070

揭示—— ·· 073

胚胎—— ·· 076

完备—— ·· 077

运动—— ·· 079

方法—— ·· 081

第五部分
资本是一种生产关系 ·· 084

资本—— ·· 084

剩余价值—— ·· 089

锁链—— ⋯⋯⋯⋯⋯⋯⋯⋯⋯⋯⋯⋯⋯⋯⋯⋯⋯⋯⋯⋯⋯ 091

贪欲—— ⋯⋯⋯⋯⋯⋯⋯⋯⋯⋯⋯⋯⋯⋯⋯⋯⋯⋯⋯⋯⋯ 092

利益—— ⋯⋯⋯⋯⋯⋯⋯⋯⋯⋯⋯⋯⋯⋯⋯⋯⋯⋯⋯⋯⋯ 095

财富—— ⋯⋯⋯⋯⋯⋯⋯⋯⋯⋯⋯⋯⋯⋯⋯⋯⋯⋯⋯⋯⋯ 097

排挤—— ⋯⋯⋯⋯⋯⋯⋯⋯⋯⋯⋯⋯⋯⋯⋯⋯⋯⋯⋯⋯⋯ 099

机器—— ⋯⋯⋯⋯⋯⋯⋯⋯⋯⋯⋯⋯⋯⋯⋯⋯⋯⋯⋯⋯⋯ 102

跳跃—— ⋯⋯⋯⋯⋯⋯⋯⋯⋯⋯⋯⋯⋯⋯⋯⋯⋯⋯⋯⋯⋯ 105

价值规律—— ⋯⋯⋯⋯⋯⋯⋯⋯⋯⋯⋯⋯⋯⋯⋯⋯⋯⋯ 107

积累—— ⋯⋯⋯⋯⋯⋯⋯⋯⋯⋯⋯⋯⋯⋯⋯⋯⋯⋯⋯⋯⋯ 108

分工—— ⋯⋯⋯⋯⋯⋯⋯⋯⋯⋯⋯⋯⋯⋯⋯⋯⋯⋯⋯⋯⋯ 111

异化—— ⋯⋯⋯⋯⋯⋯⋯⋯⋯⋯⋯⋯⋯⋯⋯⋯⋯⋯⋯⋯⋯ 113

扬弃—— ⋯⋯⋯⋯⋯⋯⋯⋯⋯⋯⋯⋯⋯⋯⋯⋯⋯⋯⋯⋯⋯ 115

狭窄—— ⋯⋯⋯⋯⋯⋯⋯⋯⋯⋯⋯⋯⋯⋯⋯⋯⋯⋯⋯⋯⋯ 117

危机—— ⋯⋯⋯⋯⋯⋯⋯⋯⋯⋯⋯⋯⋯⋯⋯⋯⋯⋯⋯⋯⋯ 119

报复—— ⋯⋯⋯⋯⋯⋯⋯⋯⋯⋯⋯⋯⋯⋯⋯⋯⋯⋯⋯⋯⋯ 120

第六部分
历史向世界历史转变 ⋯⋯⋯⋯⋯⋯⋯⋯⋯⋯⋯⋯⋯⋯ 123

商品—— ⋯⋯⋯⋯⋯⋯⋯⋯⋯⋯⋯⋯⋯⋯⋯⋯⋯⋯⋯⋯⋯ 123

垄断—— ⋯⋯⋯⋯⋯⋯⋯⋯⋯⋯⋯⋯⋯⋯⋯⋯⋯⋯⋯⋯⋯ 127

卷入—— ⋯⋯⋯⋯⋯⋯⋯⋯⋯⋯⋯⋯⋯⋯⋯⋯⋯⋯⋯⋯⋯ 128

交往—— ⋯⋯⋯⋯⋯⋯⋯⋯⋯⋯⋯⋯⋯⋯⋯⋯⋯⋯⋯⋯⋯ 131

法术—— ⋯⋯⋯⋯⋯⋯⋯⋯⋯⋯⋯⋯⋯⋯⋯⋯ 133

动荡—— ⋯⋯⋯⋯⋯⋯⋯⋯⋯⋯⋯⋯⋯⋯⋯⋯ 134

联合—— ⋯⋯⋯⋯⋯⋯⋯⋯⋯⋯⋯⋯⋯⋯⋯⋯ 135

竞争—— ⋯⋯⋯⋯⋯⋯⋯⋯⋯⋯⋯⋯⋯⋯⋯⋯ 139

暴力—— ⋯⋯⋯⋯⋯⋯⋯⋯⋯⋯⋯⋯⋯⋯⋯⋯ 140

第七部分
问题在于改变世界 ⋯⋯⋯⋯⋯⋯⋯⋯⋯⋯⋯⋯ 143

改变—— ⋯⋯⋯⋯⋯⋯⋯⋯⋯⋯⋯⋯⋯⋯⋯⋯ 143

批判—— ⋯⋯⋯⋯⋯⋯⋯⋯⋯⋯⋯⋯⋯⋯⋯⋯ 146

嘲讽—— ⋯⋯⋯⋯⋯⋯⋯⋯⋯⋯⋯⋯⋯⋯⋯⋯ 149

枯树枝—— ⋯⋯⋯⋯⋯⋯⋯⋯⋯⋯⋯⋯⋯⋯ 151

论战—— ⋯⋯⋯⋯⋯⋯⋯⋯⋯⋯⋯⋯⋯⋯⋯⋯ 154

宗教—— ⋯⋯⋯⋯⋯⋯⋯⋯⋯⋯⋯⋯⋯⋯⋯⋯ 160

思想闪电—— ⋯⋯⋯⋯⋯⋯⋯⋯⋯⋯⋯⋯⋯ 162

颠倒—— ⋯⋯⋯⋯⋯⋯⋯⋯⋯⋯⋯⋯⋯⋯⋯⋯ 164

杠杆—— ⋯⋯⋯⋯⋯⋯⋯⋯⋯⋯⋯⋯⋯⋯⋯⋯ 165

试金石—— ⋯⋯⋯⋯⋯⋯⋯⋯⋯⋯⋯⋯⋯⋯ 168

幽灵—— ⋯⋯⋯⋯⋯⋯⋯⋯⋯⋯⋯⋯⋯⋯⋯⋯ 169

独立宣言—— ⋯⋯⋯⋯⋯⋯⋯⋯⋯⋯⋯⋯⋯ 171

第八部分

革命是历史的火车头 ································ 174

阶级斗争—— ································ 174

剥夺—— ································ 178

炸毁—— ································ 180

革命—— ································ 181

使命—— ································ 184

公仆—— ································ 188

决裂—— ································ 190

分裂—— ································ 192

自由—— ································ 193

平等—— ································ 197

解放—— ································ 201

共产主义—— ································ 204

第九部分

一切以时间、地点为转移 ················ 207

真理—— ································ 207

教条—— ································ 211

矛盾—— ································ 213

实践—— ································ 214

转移—— ⋯⋯⋯⋯⋯⋯⋯⋯⋯⋯⋯⋯⋯⋯⋯⋯⋯⋯ 216

结合—— ⋯⋯⋯⋯⋯⋯⋯⋯⋯⋯⋯⋯⋯⋯⋯⋯⋯⋯ 219

推进—— ⋯⋯⋯⋯⋯⋯⋯⋯⋯⋯⋯⋯⋯⋯⋯⋯⋯⋯ 220

坚持和运用—— ⋯⋯⋯⋯⋯⋯⋯⋯⋯⋯⋯⋯⋯⋯ 224

一下子—— ⋯⋯⋯⋯⋯⋯⋯⋯⋯⋯⋯⋯⋯⋯⋯⋯⋯⋯ 226

问题—— ⋯⋯⋯⋯⋯⋯⋯⋯⋯⋯⋯⋯⋯⋯⋯⋯⋯⋯ 228

后记　太阳走，我也走 ⋯⋯⋯⋯⋯⋯⋯⋯⋯⋯⋯ 230

第一部分
物质生产是人类历史的发源地

是人民创造历史，还是"上帝"创造历史？这是唯物主义和唯心主义争论的焦点。

历史是由人民创造的，历史活动是群众的活动，人民的物质生产活动是历史的发源地。马克思主义历史唯物主义揭示了这一原理，"人猿相揖别。只几个石头磨过"。人是历史活动的主体，历史不过是追求着自己目的的人的活动而已，马克思主义用劳动这把钥匙打开了历史大门，用唯物主义探索人类历史的源头，打破了笼罩在历史观上的神学，把历史的内容还给了历史。

劳动——

劳动是一切财富的源泉。其实劳动和自然界一起才是一切财富的源泉，自然界为劳动提供材料，劳动把材料变为财富。但是劳动还远不止如此。它是整个人类生活的第一个基本条件，而且达到这样的程度，以致我们在某种意义上不得不说：劳动创造了人本身。[1]

——恩格斯《自然辩证法》

"人猿相揖别。只几个石头磨过"，我们首先从劳动讲起。每个人都是劳动者，劳动者创造着社会财富，满足着人们物质文化各种需要，并推动着社会历史的前进。但是，马克思主义中的劳动却是更有深刻的含义。在马克思主义中，劳动至少有几种含义。

劳动创造了人

"劳动创造了世界，创造了人本身"，生产劳动也是人们从事其他各种活动的基础……人通过劳动既改变了自然界创造物质财富，也改变了人本身，发展了人的体力和智力，还改变了人本身的劳动，表现在劳动工具不断改进，科学技术水平及其工艺的应用程度不断提高，劳动对象不断提高，劳动对象不断扩大，生产劳动过程的社会结合形式不断变化。

劳动使人类的祖先——猿人学会了使用工具，学会了直立，学会了创造，劳动使人脱离了猿人。

人类社会和动物社会的本质区别在于，动物最多是搜集，而人则能从事生产。仅仅由于这个唯一的然而是基本的区别，就不可能把动物社会的规律直接搬到人类社会中来[2]。

劳动是人区别于动物的本质特性。人的本质是劳动，劳动是人的本质的表现形式。马克思指出："人的类本质性恰恰就是自由的有意

---

[1]《马克思恩格斯全集》第二十卷，人民出版社1972年版，第509页。
[2]《马克思恩格斯全集》第三十四卷，人民出版社1975年版，第163页。

识的活动，人的类本质即实践或劳动。"[1]马克思进一步区分了作为人的生命活动的生产和作为动物的生命活动的生产之间存在着本质的区别：动物的生产是本能的、盲目的和被动的，因而也是片面的和简单重复的，它本身只是自然界的必然之网的一部分；而人在生产活动中可以将自然界和自身当作认识和改造的对象，能够利用自己的智慧创造工具，既改造自然界，也改造自身。

马克思在分析劳动异化时指出："首先，劳动对工人来说是外在的东西，也就是说，不属于他的本质；因此，他在自己的劳动中不是肯定自己，而是否定自己，不是感到幸福，而是感到不幸，不是自由地发挥自己的体力和智力，而是使自己的肉体受折磨、精神遭摧残。……他的劳动不是自愿的劳动，而是被迫的强制劳动。因此，这种劳动不是满足一种需要，而只是满足劳动以外的那些需要的一种手段。劳动的异己性完全表现在：只要肉体的强制和其他强制一停止，人们就会像逃避瘟疫那样逃避劳动。"[2]

因此，正如马克思所说："任何一个民族，如果停止劳动，不用说一年，就是几个星期，也要灭亡，这是每一个小孩都知道的。"[3]他又指出："整个所谓世界历史不外是人通过人的劳动而诞生的过程，是自然界对人来说的生成过程。""以一定的方式进行生产活动的一定的个人，发生一定的社会关系和政治关系。"[4]劳动不仅是人与人类社会产生的基础，而且是人类的本质活动，任何劳动都是在社会关系中进行的。

---

[1]马克思：《1844年政治经济学手稿》，人民出版社2000年版，第95页。

[2]《马克思恩格斯全集》第三卷，人民出版社2002年版，第270—271页。

[3]《马克思恩格斯全集》第三十二卷，人民出版社1975年版，第541页。

[4]马克思：《1844年经济学哲学手稿》，人民出版社2000年版，第90页。

劳动使人与自然发生关系

人与自然的中介是劳动。人是通过劳动占有自然界、利用自然界，劳动是人与自然界的纽带，一部自然史又是一部人类劳动史。

物质资料生产活动是人类社会最基本的实践活动，而劳动又是物质资料生产的最基本形式。

马克思在《资本论》中指出："劳动首先是人和自然之间的过程，是人以自身的活动来中介、调整和控制人和自然之间的物质变换过程。人自身作为一种自然力与自然物质相对立。为了在对自身生活有用的形式上占有自然物质，人就使他身上的自然力——臂和腿、头和手运动起来。当他通过这种运动作用于他身外的自然并改变自然时，也就同时改变他自身的自然。"[1]这就使人有目的地作用于自然界，利用劳动改变自然物的形态与性质，使各种原料成为人类生活需要的财富，借以满足人们的需要。

人是通过劳动作为中介，同自然界进行物资交换。在这个过程中，劳动使自然界发生了改变，为满足人的需要提供了产品。而人通过劳动改造自然，使自然适应人类的需要。这样，在人与自然的关系中，人就处于能动的创造者的地位。

劳动创造历史

劳动使手诞生，人成了直立起来的人。在马克思看来，劳动不仅是人与社会产生的基础，而且是人类的本质活动，整个丰富多彩的人类历史都是劳动的发展史，世界历史之谜只有用劳动的钥匙才能解

---

[1]《资本论》第一卷，人民出版社2004年版，第207—208页。

开。正如恩格斯所说："任何一只猿手都不曾制造哪怕是一把最粗笨的石刀。"[1]

劳动不仅是财富的主要来源，而且也是人类存在的基础。恩格斯在《自然辩证法》中提出："劳动产生了真正的手，劳动创造了人，同时创造了人与人的社会交往和联系。随着劳动的开始，人对自然界进行统治，在这个过程中产生了新的需要。"[2]

马克思指出："创造这一切、拥有这一切并为这一切而斗争的，不是'历史'，而正是人，现实的、活生生的人。'历史'并不是把人当做达到自己目的的工具来利用的某种特殊的人格。历史不过是追求着自己目的的人的活动而已。"[3]有了人的劳动和交往，就有了人类社会，就有了人类社会发展的历史，劳动创造了人类社会。

劳动带来人的解放

马克思在《资本论》这部300多万字的科学巨著中，通过研究资本主义生产方式，用创造的剩余价值理论揭示出劳动与资本是两大阶级对立的经济根源，揭露了资本主义剥削的秘密，敲响了资本主义灭亡的丧钟。

"美人首饰侯王印，尽是沙中浪底来。"马克思主义揭示劳动的另一个意义就是劳动将带来人的解放。在资本主义社会，劳动在创造财富的同时也给工人带来了贫困，即劳动异化带来了"两极"。

马克思在《1844年经济学哲学手稿》中指出："劳动为富人生产

---

[1]《马克思恩格斯文集》第九卷，人民出版社2009年版，第551页。

[2]《马克思恩格斯文集》第九卷，人民出版社2009年版，第496页。

[3]《马克思恩格斯全集》第二卷，人民出版社1957年版，第118—119页。

奇迹般的东西，但是为工人生产了赤贫。劳动生产了宫殿，但给工人生产了棚舍。劳动生产了美，但是使工人变成畸形。劳动用机器代替了手工劳动，但使另一部分工人回到了野蛮的劳动，并使另一部分工人变成机器。劳动生产了智慧，但给工人生产了愚钝和痴呆。"[1]这种"两极"正是资本主义生产方式内在矛盾的必然结果，而随着劳动与资本这种矛盾的积累和激化，必然促使无产阶级的斗争反抗，从而打破资本主义私有制的桎梏，社会主义和共产主义必然代替资本主义。

马克思用劳动的双手揭示了资本主义生产方式的秘密和必然灭亡的规律，探索出人类解放的道路。劳动者的双手在创造财富的同时，还要埋葬人吃人的社会，最终赢得劳动人民的真正解放。

千百万人的双手将不断开创人类社会的历史，不断建设人类美好的家园，也必将把共产主义社会带到人间。

直立——

> 这种猿类，大概首先由于它们在攀援时手干着和脚不同的活这样一种生活方式的影响，在平地上行走时也开始摆脱用手来帮忙的习惯，越来越以直立姿势行走。由此就迈出了从猿过渡到人的具有决定意义的一步。[2]
>
> ——恩格斯《自然辩证法》

人的前肢支撑了人的直立，手便从前肢中诞生出来。手是人从猿

---

[1]《马克思恩格斯选集》第一卷，人民出版社2012年版，第53页。

[2]《马克思恩格斯文集》第九卷，人民出版社2009年版，第550—551页。

脱离的重要标志，手是劳动的工具，手是打开世界历史大门的钥匙。

　　首先是劳动，然后是语言和劳动一起，成为两个最重要的推动力。

　　自从手从事劳动，人类便从猿中分离出来。人类的直立行走是从"猿人"踏入草原开始的。400多万年前第一批两足"类人猿"进入草原，半人高的荒草使得它们必须直起身来才能观察猎物、防范天敌，为此也就逐渐养成了直立行走的习惯。人类的行走是建立在彻底改变人体结构基础之上的。

　　人类直立行走后影响最为深远的莫过于让两只"手"空闲出来。闲而无用，方成"大用"。长期进化锻造了一双奇特的手。人手不同于其他动物的"前爪"，它的四指朝向一方，大拇指与其他四指分开，"既对立又统一"，便于与四指合作变得有力，可以将工具握得更牢固。特殊的双手使得人类堪称另一个"造物主"，有了万能的手，人类才可能改天换地。

　　人的直立具有划时代的意义，人类与自然界的顽强抗争，完成了从"爬"到"走"的转折，站起来的人视野变得开阔，使用工具也发生了变化，语言进而产生，人的交流也大大增强，使人类告别了猿人时代。

　　直立是人类历史的伟大革命，站起来的人进入了历史的新时期，宣告匍匐历史的结束，同时又宣告了进化论的伟大胜利，无情地击碎了上帝创造人的谬论。

　　马克思在《1844年经济学哲学手稿》中指出："任何一个存在物只有当它用自己的双脚站立的时候，才认为自己是独立的，而且只有当它依靠自己而存在的时候，它才是用自己的双脚站立的。"[1]

　　"人"直立站了起来，只是进化论的规律，然而对劳苦大众来说，对那些世世代代当牛做马的奴隶们来说，他们依然是上帝和贵族的奴

---

[1]《马克思恩格斯文集》第九卷，人民出版社2009年版，第195页。

仆，只能在匍匐中前行。只有马克思主义让"人"站了起来，成为真正的人。

劳动力——

一切劳动，一方面是人类劳动力在生理学意义上的耗费；就相同的或抽象的人类劳动这个属性来说，它形成商品价值。一切劳动，另一方面是人类劳动力在特殊的有一定目的的形式上的耗费；就具体的有用的劳动这个属性来说，它生产使用价值。[1]

——马克思《资本论》

马克思在写《资本论》时，曾做了一个字的修改，即把"劳动"改为"劳动力"。这一字之改，意义非同小可，它将"劳动"与"劳动力"区别开来，从而揭示了资本家将劳动力作为商品买卖的实质，由此揭示出剩余价值的来源。

劳动力的使用即劳动，任何社会进行生产都不能离开劳动，劳动是社会存在和发展的基本要素，没有劳动就没有一切。

劳动力是指人的劳动能力，即人的脑力和体力的总和。劳动力的价值包括三个部分：维持劳动者本身生存所必需的生产资料的价值；维持劳动者家属生存所必需的生产资料的价值；劳动者接受教育和训练所支出的费用。

在《雇佣劳动与资本》的原稿中是这样写的："资本家用货币购

---

[1]《资本论》第一卷，人民出版社2004年版，第60页。

买工人的劳动。工人是为了货币而向资本家出卖自己的劳动。"[1] "劳动"和"劳动力"尽管只有一字之差，但是它的内涵却大不一样，资产阶级经济学家企图混淆二者的区别，用来掩盖把劳动力作为商品进行买卖的肮脏交易，进而掩盖资本与雇佣劳动的深刻矛盾，掩盖资产阶级剥削压迫工人的实质。马克思的一字之改将这个秘密戳穿了。

资本主义榨取剩余价值，就使劳动力成了商品。作为劳动者本来是自由人，但由于一无所有，只有将自己作为商品来出卖。当然，劳动力成为商品并不是自古以来就有的，而是在封建社会后期发生的资本原始积累的过程中逐渐形成的，由于是"买卖关系"，资本家与工人的关系形式上似乎是"自由""平等"，而实质却是资本家支配和剥削工人的雇佣和劳动关系。正如马克思所说："罗马的奴隶是由锁链，雇佣工人则由看不见的线系在自己的所有者手里。"[2]

劳动力尽管也具有其他商品一样的特点，也具有价值和使用价值，但是，劳动力却是特殊的商品，它的价值和使用价值不同于普通商品。马克思曾说："劳动力的价值，是由生产、发展、维持和延续劳动力所必需的生活必需品的价值决定的。"[3]

马克思的一字之改进一步揭示了劳动与资本的对立，也揭示出资本主义生产方式的矛盾必然引起社会的变革，使劳动者得到解放。

资本与雇佣劳动成为资产阶级和无产阶级对立的深刻根源。资本对雇佣工人劳动的榨取，注定了劳动与资本之间的对立，工人与资本家之间的矛盾，是对抗性的和不可克服的，工人阶级的斗争和反抗是不可避免的。资本与雇佣劳动的对立运动揭示出资本主义生产方式的发展规律。

---

[1]《马克思恩格斯文集》第九卷，人民出版社2009年版，第713页。

[2]《马克思恩格斯文集》第五卷，人民出版社2009年版，第662页。

[3]《马克思恩格斯文集》第三卷，人民出版社2009年版，第56页。

在今天的社会主义国家，资本与劳动已经不是对立关系，但是，处理好资本与劳动的关系仍然是我们面对的一个问题。

进化——

> 从攀树的猿群进化到人类社会之前，一定经过了几十万年——这在地球的历史上只不过是人的生命中的一秒钟。但是人类社会最后毕竟出现了。人类社会区别于猿群的特征又是什么呢？是劳动。[1]
>
> ——恩格斯《自然辩证法》

进化，这一词语并非我们想象中的人是由猴子变的那么简单，也并非达尔文的物竞天择、适者生存这一公式的简单套用。进化论的伟大意义是揭示了自然界的一条重要规律：人是进化来的，不是上帝创造的，这一重要理论成为马克思历史唯物主义的重要基石，而且进化论奠定马克思主义运动变化理论的基础。马克思主义用进化论带来了开天辟地的伟大思想变革。

1832年，达尔文到南美考察，在南美巴尹布兰卡一个小平原的断面里发现许多古代陆生动物的化石，其中近千种地质年代第三纪的树獭科动物，与当时仍然生活在南美洲的树獭相似。还有一种动物化石与当时的犰狳相似。整个南美洲自北而南同一种动物的形貌千姿百态，这些形形色色的生物究竟怎样产生的？在成千上万个物种变异的事实面前，他对"神创论"的物种不变学说产生了怀疑。

---

[1]《马克思恩格斯全集》第二十卷，人民出版社1971年版，第514页。

达尔文出发时还是一个"上帝创造世界"的信徒，他考察归来时，已经带回来一个正确的科学结论，植物和动物的种不是固定的，而是进化而来的。后来经过22年的试验和钻研，他终于写出了《物种起源》一书，第一版于1859年问世。他以丰富的自然科学材料证明：整个有机界，包括植物、动物和人在内，都是由最简单的细胞，经过长期的进化发展而来的。

《物种起源》惊动了当时的欧美大陆，影响了世界。它揭示生物世界不是上帝的特殊创造物，而是少数古代祖先的直系后代，所有不同种类的生物是由共同的祖先传下来的，经过"物竞天择、适者生存"成为现在的模样。人也是由猴子变的，进化论戳穿了千百年来基督教关于"上帝造物"的谎言，给宗教迷信势力以致命的打击，因而使得神创论、物种不变论的信徒们恼羞成怒，暴跳如雷。于是他们结成同盟，对达尔文进行围剿。

1860年6月18日，进化论与神创论两派在牛津大学展开论辩，两军对垒，人头攒动。神创论代表是牛津大学主教，他首先跳上讲台，指责进化论触犯了造物主，触犯了"君权神授"的天理，这是对上帝的叛逆，有失人类尊严。进化论代表阐述进化论学说，用证据无情地驳斥神创论，进步学生和学者报以热烈掌声。主教气得面红耳赤，无言可辩，其中一位为他发言时喝彩的夫人居然当场气昏，被人抬了出去。

《资本论》与《物种起源》建立的必然性的关联，马克思敏感地把握住进化论对革命的变革意义，在写作《资本论》中引用了这一观点，指出："达尔文的著作非常有意义，这本书我可以用来当做历史上的阶级斗争的自然科学根据。当然必须容忍粗率的英国式的阐述方式。虽然存在许多缺点，但是在这里不仅第一次给了自然科学中的'目的论'以致命的打击，而且也根据经验阐明了它的合理的意义。"[1]马克思还指出："只是力图将达尔文在自然史方面所证明的那一个逐渐变革的过程在社会领域中作为规律确立起来。"[2]

恩格斯《在马克思墓前的讲话》中指出："正像达尔文发现有机界的发展规律一样，马克思发现了人类历史的发展规律。"[3]恩格斯曾预言，达尔文的进化论迟早会成为进步与倒退之间斗争的中心。

马克思用进化论支持辩证法，打破了"人是上帝创造的"神话，也打破了"人的命天注定"的宿命论，僵化的、形而上学的思维被从根本上动摇了，宗教神学的城堡被进化论打开了一个缺口，达尔文的进化论与革命论紧紧联系起来了。

粗糙——

> 历史的发源地不在尘世的粗糙的物质生产中，而是在天上的云雾中。[4]
>
> ——马克思、恩格斯《神圣家族》

马克思主义认为，"粗糙"的物质生产是人类社会的发源地，"粗糙"一词是形象的说明。马克思主义认为，人类历史的发源地不是在天上的云雾中，而是在尘世间粗糙的物质生产中。

人类历史的发源地来自"粗糙"的石器时代，来自茹毛饮血的原

[1]《马克思恩格斯文集》第十卷，人民出版社2009年版，第179页。

[2]《马克思恩格斯全集》第二十一卷，人民出版社2003年版，第336页。

[3]《马克思恩格斯文集》第三卷，人民出版社2009年版，第601页。

[4]《马克思恩格斯全集》第二卷，人民出版社1957年版，第191页。

始社会。物质资料生产活动是人类社会最基本的实践活动，劳动是物质资料生产的最基本形式。石器时代这种粗糙的"生产力"产生了简单的生产关系，构成了简单的生产方式，推动了社会发展。

但是不能忘记，正是这种简单的生产方式揭示了一个石破天惊的历史发现：人类社会的一切冲突源于生产方式的冲突，源于生产力和生产关系之间的矛盾。蒸汽机带来巨大的社会变革，那是几千年以后的事。当我们今天在智能化、信息化时代时，不能忘记我们"粗糙的"祖先。

尘世的"粗糙的"物质生产就是人类社会的发源地。人类的发源地来自"粗糙"的生产方式，来自人们的劳动。人们正因为先吃穿用，然后才能从事政治、宗教、艺术、法律等"高雅"的工作。"粗糙"的理论说明，人不是来自"上天"和"上帝"，而是来自"粗糙"的自然界和"粗糙"的劳动，"粗糙"的理论奠定了人民创造历史的唯物史观。

尘世的、"粗糙"的石器时代和物质生产就是历史唯物主义的发源地，马克思用历史唯物主义发现人类历史的源头，粗糙的物质生产为历史唯物主义打造了一块坚硬的基石，"粗糙的石器"成为马克思主义战胜神学和天命论的锐利武器。追根溯源，也可以说马克思主义姓"石"。

寻找——

一切社会变迁和政治变革的终极原因，不应当到人们的头脑中，到人们对永恒的真理和正义的日益增进的认识中去寻找，而应当到生产方式和交换方式的变更中去寻找；不应当到有关时代的哲学中去寻找，而应当到有关时代的经济中去寻找。[1]

——恩格斯《反杜林论》

社会发展的原因究竟是什么？是什么推动社会历史的发展？这历来是唯物主义和唯心主义争论的焦点。唯心主义者坚持上帝创造历史或者是天才人物创造历史，因此人们不是从生产方式的矛盾中寻找社会发展的动力，而是从精神中寻找。马克思主义揭示出人们的物质生产方式是人类的发源地，生产力和生产关系之间的矛盾、经济基础和上层建筑之间的矛盾是推动社会发展的根本动力，人类社会就是在矛盾中向前发展的。

马克思摆脱了当时流行的本末倒置的哲学理念，找到了人类历史发展的钥匙：探究历史发展的动因，不能到"大厦之顶"去寻找，而应当走进"市民社会"，从人的劳动生产中去寻找。

列宁在《马克思主义的三个来源和三个组成部分》一文中也这样说："马克思加深和发展了哲学唯物主义，而且把它贯彻到底，把它对自然界的认识推广到对人类社会的认识。马克思的历史唯物主义是科学思想中的最大成果。"[2]

马克思主义之后，唯心主义从它的最后的避难所中，从历史观中被驱逐出来了，笼罩人们几千年的宗教神学的雾霾被科学和真理的阳光驱散了，人民是历史的创造者，人成为创造世界的人、创造历史的人、掌握自己命运的人，他们在神灵之外去探寻历史发展的规律。人们啊，要寻找社会发展的动因，眼睛向下，可别向天上眺望。

---

[1]《马克思恩格斯选集》第三卷，人民出版社1995年版，第617—618页。
[2]《列宁选集》第二卷，人民出版社2012年版，第311页。

当头一棒——

人们的意识决定于人们的存在而不是相反，这个原理看来很简单，但是仔细考察一下也会立即发现，这个原理的最初结论就给一切唯心主义，甚至给最隐蔽的唯心主义当头一棒。关于一切历史的东西的全部传统的和习惯的观点都被这个原理否定了。政治论证的全部传统方式崩溃了。[1]

——马克思《政治经济学批判。第一分册》

马克思用唯物史观说明人们的社会存在决定社会意识，用物质资料生产说明社会历史的存在和发展，用经济基础说明上层建筑，进而说明阶级和阶级斗争，归根到底用人类本身的历史活动说明历史本身，实现了人类历史观的伟大变革。

在马克思之前，人们相信上帝创造了人，上帝创造了宇宙和世界，人的命是由上帝注定的；在原始人眼里，社会和自然一样神奇，都只能凭想象去理解，自然崇拜和图腾崇拜就是这样产生的。神学家用超自然的作用，即用神灵的意志来说明历史过程，他们宣扬人间的一切秩序都是由"神"来安排的，都取决于"天意"，从而把历史自身的必然性和现实的因果关系纳入神学的宿命论中。

马克思把唯物主义和辩证法紧密地结合起来并运用于观察和分析人类社会历史，第一次深刻地阐明了社会发展的客观规律，揭示出人的整个社会生活、精神生活、政治活动和意识形态等，归根到底是由

---

[1]《马克思恩格斯选集》第二卷，人民出版社1995年版，第39页。

社会物质生产状况这一经济基础决定的，揭示出社会生产力和生产关系的矛盾是历史发展的真正动力，并且科学地说明了人民群众才是社会历史的真正创造者以及阶级斗争在社会历史发展中的作用和它产生、发展、消灭的条件。

让那些权贵们耻笑吧，奴隶天生就是奴隶，贵族天生就是贵族，这一"金科玉律"被马克思主义"粗糙"的理论打破了，没有高贵的血统，只有同样的祖先、共同在洞穴生活的祖先。那些权贵如果数典忘祖，一定要把自己说成是高贵血统的世袭者，那么请到石器时代拜访我们的祖先吧。社会存在决定社会意识，马克思历史唯物主义给唯心主义者的"当头一棒"，也是对唯心主义者的致命一击。

吃、喝、住、穿——

人们为了能够"创造历史"，必须能够生活。但是为了生活，首先就需要吃喝住穿以及其他一些东西。[1]

——马克思、恩格斯《德意志意识形态》

"民以食为天""仓廪实则知礼节，衣食足则知荣辱"。1883年，恩格斯在马克思墓前说："正像达尔文发现有机界的发展规律一样，马克思发现了人类历史的发展规律，即历来为繁芜丛杂的意识形态所掩盖着的一个简单事实：人们首先必须吃、喝、住、穿，然后才能从事政治、科学、艺术、宗教等等；所以，直接的物质的生活资料的生产，从而一个民族或一个时代的一定的经济发展阶段，便构成基础，

---

[1]《马克思恩格斯选集》第一卷，人民出版社2012年版，第158页。

人们的国家设施、法的观点、艺术以至宗教观念，就是从这个基础上发展起来的，因而，也必须由这个基础来解释，而不是像过去那样做得相反。"[1] 这段话，十分精辟地阐明了历史唯物主义的基本内涵。

马克思指出："我们首先应当确定一切人类生存的第一个前提，也就是一切历史的第一个前提，这个前提是：人们为了能够'创造历史'，必须能够生活。但是为了生活，首先就需要吃喝住穿以及其他一些东西。因此第一个历史活动就是生产满足这些需要的资料，即生产物质生活本身，而且，这是人们从几千年前直到今天单是为了维持生活就必须每日每时从事的历史活动，是一切历史的基本条件。"[2]

"人是铁饭是钢。"吃、喝、穿、住是每个人必不可少的生活条件，是人类生存的基础，但在马克思眼里，吃、喝、穿、住可不是简单的"吃吃喝喝、穿穿住住"，而是包含着历史的唯物主义。由此，马克思得出一大发现，"物质决定精神，存在决定意识"，恩格斯曾称这一发现是马克思的第一发现，可以和剩余价值的发现相提并论。"锅碗瓢盆交响曲"，就是人类社会发展的动力，谁也无法脱离尘世，谁也不能不食人间烟火，"谁家的锅底都是黑的，谁家的烟囱都冒烟"。在生活实践面前没有"无欲则刚"，有的是"为了生活人们四处奔波"，而这就是人类社会前进的原始动力。"人间烟火"里有马克思主义，"吃喝"里面有马克思主义。

---

[1]《马克思恩格斯文集》第三卷，人民出版社2009年版，第601页。

[2]《马克思恩格斯选集》第一卷，人民出版社2012年版，第158页。

破天荒——

历史破天荒第一次被安置在它的真正基础上；一个很明显而以前完全被人忽略的事实，即人们首先必须吃、喝、住、穿，就是说首先必须劳动，然后才能争取统治，从事政治、宗教和哲学等等，——这一很明显的事实在历史上应有的权威此时终于被承认了。[1]

——恩格斯《卡尔·马克思》

马克思在《费尔巴哈》中指出："共产主义和所有过去的运动不同的地方在于：它推翻了一切旧的生产关系和交往关系的基础，并且破天荒第一次自觉地把一切自发产生的前提看做是先前世世代代的创造，消除这些前提的自发性，使它们受联合起来的个人的支配。因此，建立共产主义实质上具有经济的性质，这就是为这种联合创造各种物质条件，把现存的条件变成联合的条件。共产主义所建立的制度，正是这样的一种现实基础，它排除一切不依赖于个人而存在的东西，因为现存制度只不过是个人之间迄今所存在的交往的产物。"[2]

"破天荒"地阐明了一切历史变动的原因

如前所述，马克思通过吃喝穿住"破天荒"地揭示了人类社会发

---

[1]《马克思恩格斯文集》第三卷，人民出版社2009年版，第459页。

[2]《马克思恩格斯选集》第一卷，人民出版社1972年版，第77—78页。

展的源头。除此之外，"破天荒"地阐明了一切历史变动的原因。

在马克思之前，历史被各种神秘的神学所笼罩，一是"天命论"，认为上帝创造了宇宙和世界，也创造了历史；二是"精神论"，认为历史是精神的产物，人们的思想动机、意志是社会历史发展的根本原因，社会历史是按照英雄人物的意志和思想构成的。这种"天命论"和"精神论"宣扬人间的一切秩序都是由"神"和"天才人物"安排的，历史的发展取决于"天意"。

马克思用历史唯物主义的观点，充分说明物质生产不仅是人类社会的发源地，而且历史是各个朝代的依次更替，人的历史是由物质生产形成的，而不是宗教神学所创造的。正如马克思所说的："物质生活的生产方式制约着整个社会生活、政治生活和精神生活的过程。不是人们的意识决定人们的存在，相反，是人们的社会存在决定人们的意识。"[1]

笼罩人们几千年的宗教神学雾霾被科学和真理的阳光驱散了。有了人才有了历史，不是神创造了历史，而是人创造了历史，物质生产决定一切。人是历史活动的主体，历史不过是追求着自己目的的人的活动而已。人民是历史的创造者，创造历史的人，人应该在神灵之外去探寻历史发展的规律。

"破天荒"地发现了人的类本质

人的类本质是什么？在马克思之前，一切旧唯物主义者包括费尔巴哈都把人看成单个的、孤立的人，就像马克思指出的，在费尔巴哈那里人是"活死人"。马克思从历史唯物主义出发指出："人就是人

---

[1]《马克思恩格斯选集》第二卷，人民出版社1972年版，第82页。

的世界，就是国家，社会。"[1]奠定了人的社会地位，赋予了人的社会含义，使人真正成了"人"。

马克思赋予了人的社会地位，使"活死人"变成了社会的"人"，人的社会化必将使人得到彻底解放。

在马克思新发现的领域有很多都是历史破天荒，他发现了历史唯物主义，使历史破天荒地得到了科学说明；他创立了无产阶级哲学，为人民群众破天荒地指引了解放的道路；他唤醒了无产阶级的革命意识，使历史破天荒地有了战胜资本主义的物质力量，使散兵游勇般的无产者肩负起了改变旧世界的历史使命；他发现了剩余价值和劳动异化理论，破天荒地揭示了资本主义灭亡被社会主义所代替的客观规律，使社会主义由空想成为科学。

马克思是第一个"敢吃螃蟹"的人，是开辟者、拓荒者，他"敢问路在何方"，才有了历史的破天荒。马克思之前和马克思之后，在人类思想史上形成两个截然不同的阶段。"挥挥手，我让你走"，马克思主义的破天荒使我们"告别以往"，马克思主义就是人类思想长河的分水岭。

"破天荒"地使人类解放有了强大的思想武器

在马克思之前，没有人民的理论。正如习近平总书记在《纪念马克思诞辰200周年大会上的讲话》中指出："在马克思之前，社会上占统治地位的理论都是为统治阶级服务的。马克思主义第一次站在人民的立场探求人类自由解放的道路，以科学的理论为最终建立一个没有压迫、没有剥削、人人平等、人人自由的理想社会指明了方向。"

在马克思之前，工资、利润掩盖了资本主义对工人的剥削，掩盖

---

[1]《马克思恩格斯文集》第一卷，人民出版社2009年版，第3页。

了两大阶级对立的深刻根源，人们认为是资本家养活了工人。马克思用政治经济学剖析资本主义，尤其是剩余价值理论的发现，证明不是资本家养活了工人，而是工人养活了资本家。剩余价值理论揭示了资本和劳动的矛盾是无产阶级和资产阶级对立的最深刻的根源，由此揭示出资产阶级必然被无产阶级所代替的客观规律。

在马克思之前，哲学只是如同念"咒语"一般，谁也听不懂这"玄学"，马克思主义实现了哲学史上的伟大变革，赋予了哲学辩证、运动、革命的含义，将哲学与无产阶级的使命联系起来，用哲学这一武器打破宗教神学对人们的束缚，为人类解放砸碎了束缚人们思想的精神枷锁。

空白——

这个人的逝世，对于欧美战斗的无产阶级，对于历史科学，都是不可估量的损失。这位巨人逝世以后所形成的空白，不久就会使人感觉到。[1]

——恩格斯《在马克思墓前的讲话》

1883年3月14日，马克思逝世。那么，马克思逝世为后人留下了一个什么样的空白？这也许是一个历史之谜。

如同人类最伟大的经典往往都是残章断简一样，《资本论》是马克思为人类留下的一部巨著，但其实是作者本人没有完成的著作。为了充实《资本论》，晚年的马克思仍然研究古代社会，研究资本主义

---

[1]《马克思恩格斯文集》第三卷，人民出版社2009年版，第601页。

生产方式，并以此为历史前提分析私有制的根源。马克思研究商品、货币、资本、雇佣劳动、土地所有制、国际贸易、信贷、工艺史及发明史、人口等，这些都为他写作《资本论》而又超越《资本论》提供了丰富的知识和素材，也孕育着更大的突破。尽管《资本论》形成了人类思想史上的一座高峰，但正如恩格斯所说，《资本论》对于马克思来说，只不过是一个"思想的开头"。因为马克思在《资本论》第一卷出版后不久，就被疾病和工作压力摧毁了他的健康，他突然离世，桌子上还摊放着《资本论》续稿。

如果他还活着，是否会续写《资本论》？如果他还活着，是否还要有其他巨著？如果他还活着，是否对资本主义、社会主义和共产主义做出更精辟的概括？

马克思在世时，总是在不断地反思和超越自己，不断地修正、丰富和完善自己的学说，他的思想永远没有顶峰。这让人对他寄予更厚重的期望的同时，也在猜测马克思是否还有新的思想和观点。马克思的女婿也是学者的拉法格曾感叹地说："他若能活上一百岁才能完成他的创作计划，才能把他的头脑里蕴藏的宝贵财富贡献给世界。"

如今，全世界研究马克思主义的人难以计数，研究机构林立。作为国家重点项目的"马藏工程"聚集了许多马克思主义人才。社会主义国家研究他的学说，资本主义国家也在研究他的学说，都在力图揭开更多的真理之谜，揭开这个"巨大的空白"。

还应该看到，马克思主义的生命力就在于它的实践性和创造性。邓小平曾指出："绝不能要求马克思为解决他去世之后上百年、几百年所产生的问题提供现成答案。"[1]

马克思不断攀登思想高峰，但马克思主义又没有顶峰，它提供给我们的只是世界观、方法论，只是真理的序曲。

---

[1]《邓小平文选》第三卷，人民出版社1993年版，第291页。

由于历史的局限，他也无法预测100多年后人类将发生如何的变化。列宁曾指出："从马克思的理论是客观真理这一为马克思主义者所同意的见解出发，所能得出的唯一结论就是：遵循着马克思的理论的道路前进，我们将愈来愈接近客观真理（但决不会穷尽它）；而沿着任何其他的道路前进，除了混乱和谬误之外，我们什么也得不到。"[1] 这启示我们马克思主义是发展的，只能在发展中不断赋予新的时代内涵去填补这种空白；它是实践的理论，后人只能结合具体的革命实践去填补这种空白。作为他的继承者，只有沿着马克思指引的道路，借助马克思提供的伟大认识工具，借助马克思的立场、观点和方法向真理的高峰继续跋涉攀登。

开辟——

基督教和社会主义都胜利地、势不可挡地为自己开辟前进的道路。基督教在产生300年以后成了罗马世界帝国的公认的国教，而社会主义则在60来年中争得了一个可以绝对保证它取得胜利的地位。[2]

——马克思《机器。自然力和科学的应用》

电力的出现是在19世纪40年代，马克思却看到电力蕴含的革命意义。因而指出，电的理论将为我们开辟道路。

马克思认为，蒸汽大王在前一个世纪中翻转了整个世界，现在它

---

[1]《列宁选集》第二卷，人民出版社1984年版，第143页。

[2]《马克思恩格斯文集》第四卷，人民出版社2009年版，第475页。

的统治已到末日，另外一种更大的无比的革命力量——电力的火花将取而代之。马克思高瞻远瞩地预言电气时代曙光的来临，并预言技术革命会引发产业革命，进而会引发社会革命。

恩格斯回顾马克思对科技的关注时说到这样一件事：1850年7月的一天，马克思在街上的陈列窗里看到一个电力机车模型，回来兴奋地对李卜克内西说："这件事的后果是难以估计的。随之而来的必定是一场政治上的革命。"

对此事恩格斯深有感触地说：菲勒克的电工技术革命，当许多人只是为电力的发现而鼓噪一时时，却丝毫不理解这件事的意义，马克思敏锐地觉察到"这实际上是一次巨大的革命，蒸汽机教我们使用机械运动，而电的理论将为我们开辟一条道路"。

马克思之所以认为电力开辟了道路，就在于依据生产力决定生产关系的原理，生产力的发展决定生产关系的变革，当生产力发展到一定阶段时就必然变革生产关系，以适应其发展变化。比如，蒸汽机的发明创造和广泛使用导致了第一次产业革命，大机器工业使生产力得到空前发展，新兴的资产阶级正是依靠这种先进的生产力彻底摧毁了封建主义的生产关系，迅速建立起资本主义的生产关系。因此，当电力等生产力高速发展时，也必然引起生产关系的变革，新的变革必然引发新的冲突，激化劳动和资本生产方式的内在的矛盾，使资本主义固有的、狭窄的生产关系被打破，资本主义社会制度被推翻。

归根到底——

我们断定，一切以往的道德论归根到底都是当时的社会经济状况的产物。[1]

——恩格斯《反杜林论》

恩格斯晚年在《关于历史唯物主义的书信》中谈到经济因素对社会因素发展的决定作用时，多次用到"归根到底"一词。如在《恩格斯致约瑟夫·布洛赫》这一封信中，多次强调"归根到底"：

"根据唯物史观，历史过程中的决定性因素归根到底是现实生活的生产和再生产。"

"这里表现出这一切因素间的交互作用，而在这种交互作用中归根到底是经济运动作为必然的东西通过无穷无尽的偶然事件……向前发展。"

"我们是在十分确定的前提和条件下进行创造的。其中经济的前提和条件归根到底是决定性的。"

"普鲁士国家也是由于历史的、归根到底是经济的原因而产生出来和发展起来的。"[2]

恩格斯在《反杜林论》中指出："每一个历史时期的由法的设施和政治设施以及宗教的、哲学的和其他的观念形式所构成的全部上层建筑，归根到底都应由这个基础来说明。"[3]

归根到底再次强调了马克思历史唯物主义反复阐明的一个基本观点，物质决定意识，经济基础决定上层建筑，现实的生产活动决定社会的一切。

---

[1]《马克思恩格斯选集》第三卷，人民出版社2012年版，第471页。

[2]《马克思恩格斯全集》第三十七卷，人民出版社1971年版，第460—461页。

[3]《马克思恩格斯全集》第九卷，人民出版社2009年版，第29页。

第二部分

幸福将属于千百万人

　　"为人类而工作"，这是17岁的马克思在毕业论文中说的一句话。一句话一辈子。在他的晚年，他"像马一样地工作""发疯似的工作""埋头苦干"，他用毕生的心血实践着为人类工作的诺言。他心里装的是整个人类，他幸福着人类的幸福，痛苦着人类的痛苦。正是这种初心和志向，使这个颠沛一生的流浪者站在了真理和道义的制高点，这个"叫花子"的革命家的身后却有无数的跟随者。

　　我们仿佛看到，在不眠的灯光下，一个书生少年成为一个双鬓斑白、病入膏肓的老者，他如同工匠，用一双颤抖的双手举起斧凿，在"叮叮当当"的回响声中留下了千年不朽的文字，用真理之光照耀人类。

千百万人——

　　如果我们选择了最能为人类而工作的职业，那么，重担就不能把我们压倒，因为这是为大家作出的牺牲；那时我们所享受的就不是可怜的、有限的、自私的乐趣，我们的幸福将属于千百万人，我们的事业将悄然无声地存在下去，但是它会永远发挥作用，而面对我们的骨灰，高尚的人们将洒下热泪。[1]

——马克思《青年在选择职业时的考虑》

1835年，17岁的马克思在他的高中毕业论文《青年在选择职业时的考虑》中这样写道："在选择职业时，我们应该遵循的主要指针是人类的幸福……历史把那些为共同目标工作因而自己变得高尚的人称为最伟大的人物；经验赞美那些为大多数人带来幸福的人是最幸福的人。"[2]

为人类而工作，这是马克思的初心与志向，马克思在中学写的毕业作文就表明了要为千百万人服务的理想，正是这种理想使马克思终生为人类解放而奋斗，始终为大多数人谋利益。

习近平总书记在纪念马克思诞辰200周年大会上指出："马克思的一生，是胸怀崇高理想、为人类解放不懈奋斗的一生。"马克思一生饱尝颠沛流离的艰辛、贫病交加的煎熬，但他初心不改、矢志不渝，为人类解放的崇高理想而不懈奋斗，成就了伟大人生。

志当存高远。为什么在唯利是图的资本主义时代，年轻的马克思居然有这样的胸怀与志向，如此超凡脱俗、骇世惊人？马克思出生在一个律师家庭，他看到的是这样的一幅景象，一面是资产阶级贵族的挥金如土、花天酒地，一面是贫苦人民的生活。他看到的是成千上万身上被刺有"V"和"S"字母（流浪者和乞讨者）而被装船贩卖的

---

[1]《马克思恩格斯全集》第一卷，人民出版社1995年版，第459—460页。

[2]《马克思恩格斯全集》第一卷，人民出版社1995年版，第459页。

人；看到的是生产线上像机器一样不停干活的童工；他看到的是那些目光呆滞、精神迟钝、身体畸形的面包作坊、陶场的工人。难道这就是资本主义所鼓吹的自由、平等、博爱吗？难道这就是人类的美好生活吗？难道这就是社会的"平等"吗？这"第一眼"决定了马克思的志向，要推翻黑暗的社会制度，使人能有人一样的生活。

为人类而工作，这句话改变了马克思的命运，并贯穿马克思的一生。伟大的志向决定伟大的行动，心有多大，舞台就有多大。推翻旧的社会制度的决心、造福人类的远大志向，使年轻的马克思义无反顾地走上了革命道路，而在人类历史上创造的是前所未有、波澜壮阔的奇迹。

友谊——

古老传说中有各种非常动人的友谊故事。欧洲无产阶级可以说，它的科学是由这两位学者和战士创造的，他们的关系超过了古人关于人类友谊的一切最动人的传说。[1]

——列宁《弗里德里希·恩格斯》

列宁所说的就是马克思与恩格斯这两人。他们是世界上伟大友谊的楷模，这种伟大的友谊成为他们战斗的巨大力量。恩格斯尽管家庭富有，出生于资本主义家庭，但他痛恨专制制度和剥削制度，同情劳动者。列宁指出，恩格斯是整个文明世界中最卓越的学者和现代无产阶级的导师。

---

[1]《列宁选集》第一卷，人民出版社2012年版，第95页。

1844年8月底的一天，巴黎一家咖啡馆，马克思正在焦急地等待一个人，他等的就是恩格斯。恩格斯在从英国返回德国途中来到巴黎拜访了马克思，他们在一起长谈了10天。对现实共同的看法和为人类造福的共同理想使他们的友谊从此牢不可破，为他们今后长达40年的并肩战斗和共同合作打下了基础。

马克思和恩格斯第一次见面的10天中，决定立即合作写一本《神圣家族》。正如恩格斯后来所说："要通过这部书向公众宣告，他们在一切理论领域中都显示出意见完全一致。"1844年8月，他们合写了《神圣家族》，批判了黑格尔青年派的唯心主义哲学。之后，1846年8月，恩格斯和马克思共同完成了《德意志意识形态》。1847年12月—1848年1月，马克思和恩格斯合著的《共产党宣言》第一次公开树起共产主义运动的旗帜，是一个周详的理论和实践的党纲，标志着马克思主义的诞生。

为了使马克思战胜贫困和饥饿，恩格斯挺身而出，给予无私的援助。每当恩格斯的钱汇到马克思家中的时候，孩子们总是高兴得跳了起来，救命钱来了。恩格斯说："我要让你每一分钟都用于战斗。"

从1850年开始，恩格斯按照父亲的要求，放弃自己热爱的工作，重返曼彻斯特，在父亲创办的公司经商。从此马克思、恩格斯两人分开了。伦敦到曼彻斯特相隔300多公里，马克思和恩格斯分别住在这两个城市。但是，辽阔的大海没有隔断他们的联系，他们书信来往不断，有的时候常常每天就有一封信来往。从1850年至1870年保存下来的书信就有1300多封，这些书信架起了两个伟人友谊和思想的桥梁。

对恩格斯的无私奉献，马克思非常感动，也十分不安，他在1867年致恩格斯的信中写道："坦白地向你说，我的良心经常象被梦魇压着一样感到沉重，因为你的卓越才能主要是为了我才浪费在经商上面，才让它们荒废，而且还要分担我的一切琐碎的忧患。"[1]

马克思在他的8岁的儿子埃德加夭折后，给恩格斯写信这样说，"在这些日子里，我之所以能忍受这一切可怕的痛苦，是因为时刻想念着你，想念着你的友谊，时刻希望着我们两人还要在世间共同做一些有意义的事情。一想到我们从事的是一项共同的事业，我就有了力量。"这种友谊和力量医治了精神的痛苦和创伤。

1870年，恩格斯结束经商，返回伦敦，回到马克思身边，两只巨手在等候20年后再次握在一起。从此两个伟人又共同战斗了最后10多年。

正是由于恩格斯的大力支持，马克思在最艰苦的岁月里完成了《资本论》第一卷。

马克思逝世后，全部文稿由恩格斯保存处理，这是最宝贵的财富。恩格斯把自己余下的全部精力用来继承马克思未完成的《资本论》第二卷和第三卷的科学工作。恩格斯说："到了74岁，我才开始感觉到我所要做的工作需要两个四十岁的人来做。"

经过11年的努力，恩格斯整理完成了《资本论》第二卷和第三卷。

列宁指出："马克思及其一家饱受贫困的折磨。如果不是恩格斯牺牲自己而不断给予资助，马克思不但无法写成《资本论》，而且势必会死于贫困。"[2]

每当马克思主义受到歪曲和攻击时，恩格斯都会挺身而出捍卫马克思主义。为了反击资产阶级和机会主义对马克思主义的攻击与篡改，恩格斯写了《家庭、私有制和国家的起源》《路德维希·费尔巴

---

[1]《马克思恩格斯〈资本论〉书信集》，人民出版社1976年版，第212页。

[2]《列宁选集》第二卷，人民出版社2012年版，第416—417页。

哈和德国古典哲学的终结》等重要著作，系统地阐述了辩证唯物主义与历史唯物主义的基本原理，特别是对唯物主义历史观作了全面阐述和重大补充，丰富和发展了马克思主义的哲学。

马克思、恩格斯两个人携手战斗，已经融为一体。凭借他们的友谊和战斗团结，他们成为人类历史上最伟大人物中的两位。

马克思、恩格斯两个伟人的友谊堪称世界奇迹，也是苍天对人类的恩赐，这种伟大的友谊与人类同在，与历史同存。

爱情——

为什么我的歌总是称作"致燕妮"？那是因为我的脉搏
只为你跳动，我所有的歌都只是向你把衷肠倾诉，我所有的
歌都是把你吟咏。[1]

——马克思《致燕妮》

在马克思的革命人生道路上，有一个可靠的伴侣和战友，即夫人燕妮。马克思1818年5月5日出生于摩塞尔河畔特利尔的一个普通市民家庭，出生贵族的燕妮·冯·威斯特伦的家离马克思的家只有几分钟的路程。

马克思与爱人燕妮是儿时的邻居，两小无猜。随着感情发展，17岁的马克思在上大学之前秘密与燕妮订婚，当时燕妮21岁。在那个年代，贵族和平民之间是不能通婚的。燕妮出身贵族，作为一个贵族和枢密顾问官的女儿，完全可以嫁给一个贵族，一个军官或者一个高级

---

[1]《马克思恩格斯全集》第一卷，人民出版社1995年版，第677页。

官吏，然而她却蔑视封建社会和资产阶级观念，冲破世俗的偏见，瞒着父母与马克思私定终身，而马克思也同样对燕妮倾注深情。

当时，父亲让马克思写一首赞颂普鲁士政府的诗歌，但马克思却写了一首爱情诗歌给了燕妮，后来又为燕妮写了许多的诗，汇集成了三本诗集。他曾向他父亲坦率吐露说，由于远离摩塞尔河谷，远离他的"无限美好的燕妮"，他已"陷入了真正不平静之中"。困扰他的绝不是什么猜忌心，因为他对燕妮的爱情从未有过丝毫怀疑，只是由于想到不得不和她在漫长的岁月里长期分离，使他感到心情沉重。

马克思上大学后与燕妮分离，这一别就是七年。马克思把对燕妮的热恋藏在心底而集中精力学习。正如他在信中说：时间和海洋阻碍了我们，我只能借助文字亲吻你。

1843年6月19日，大学毕业的马克思与燕妮举行了婚礼，从此燕妮与马克思终生为共同的事业而无怨无悔的奋斗。

燕妮虽然出身普鲁士贵族，却赞成丈夫的民主信念，因此，被以游荡罪名关进监狱。

马克思热爱生活，对爱情忠贞不渝，具有高尚的道德品质。他们两人有着同样美好的理想和追求，在命运的激流中同甘共苦、相濡以沫。燕妮长年累月担任马克思的私人秘书，夜以继日地为他誊写材料、代写书信。

马克思的女儿回忆说：他一生奉献给他妻子的不只是一般的爱，而是热烈的爱。1856年，马克思写给燕妮的一封情书，字里行间燃烧着炽热爱情的火焰，马克思说："我最喜欢的名字，就是劳拉、燕妮。"这封情书仿佛出自一个18岁青年人的手，当时燕妮已经是6个孩子的母亲。

燕妮说："我有幸是少数幸福着中的一个，因为我的身旁有我亲爱的丈夫，我的生命支柱。"

正当马克思在科学的道路上艰难跋涉时，由于拼命工作身体严重透支，马克思的健康状况越来越坏，肺病和肝病同时折磨着他，燕妮的肝病也严重恶化。

马克思和燕妮都患重病之后，有段时间只能住在各自的房间。有一天早上马克思能下床走路了，他首先走到燕妮的房间看望。女儿爱琳娜这样回忆那一幕感人的场面："我永远忘不了那天早晨的情景，他觉得自己好多了，已经走得动，能到母亲的房间里去了。他们在一起又都成了年轻人，好似一对正在开始共同生活的热恋着的青年男女，而不像一个是病魔缠身的老翁和一个弥留的老妇，不像是即将永别的人。"

1880年12月，夫人燕妮因肝癌去世。恩格斯对于燕妮的逝世，十分动情地写道：如果有一位女性把使别人的幸福视为自己的幸福，那么这位女性就是她；她的一生表现出了极其明确的批判智能，卓越的政治才干，充沛的精力，伟大的忘我精神；她这一生为革命运动所做的事情，是公众看不到的，在报刊上也没有记载，她所做的一切只有和她在一起生活过的人才了解。但有一点是肯定的，我们将不止一次地为再也听不到她的大胆而合理的意见（大胆而不吹嘘、合理而不失尊严的意见）而感到遗憾。

燕妮因病逝世后，马克思曾陷入巨大的悲痛之中。恩格斯曾说：燕妮死了，摩尔也死了。

公然——

马克思主义的哲学辩证唯物论有两个最显著的特点：一个是它的阶级性，公然申明辩证唯物论是为无产阶级服务的；再一个是它的实践性，强调理论对于实践的依赖关系，理论的基础是实践，又转过来为实践服务。[1]

——毛泽东《实践论》

马克思公然站在人民立场上，马克思主义公然申明是为工人阶级服务的。正如习近平总书记在《纪念马克思诞辰200周年大会上的讲话》中指出："马克思主义是人民的理论，第一次站在人民立场上为人民说话，而之前的理论家、哲学家、思想家都是为剥削阶级和统治阶级服务的。"他们视人民为"贱民"，是统治阶级的奴仆，这种卑下的地位决定了人民没有什么理论可言，只有忍受被奴役的命运。因此这些理论家要么对人民不屑一顾，要么"仰望星空"高谈阔论，在人民面前"躲猫猫"。因此，在那特殊的年代，一个"公然"使马克思亮出了自己的"底牌"：要为人民大众说话，而且要为人民大众的解放而战斗，"公然"二字重千斤。

马克思首先是一个革命家，他毕生的精力就是以这种形式或那种形式为无产阶级革命事业战斗。马克思主义不是经院的理论，而是人民革命实践的理论，是人类解放的理论武器。马克思在《莱茵报》工作时就担任贫苦大众的辩护人，为他们辩护，驳斥普鲁士政府利用法律特权将捡拾枯树枝的农民追究判刑的行径。在国际工人运动中，他旗帜鲜明地站在了工人一边，推动工人为解放而斗争。他支持巴黎公社工人起义，愤怒地谴责统治阶级对工人的血腥镇压和残害。他的著作都阐明鲜明的立场"为了人类的解放"，从《共产党宣言》到《资本论》都是阐明这样的主题。直到晚年，马克思还说我能成为忠诚的无产阶级战士，我把自己的一切献给了解放事业。"公然"不是拔刀相助的，不是绿林好汉，而是用真理与一个旧世界的较量。

一个"公然"使马克思付出了十分沉重的代价，被统治阶级视为

---

[1]《毛泽东选集》第一卷，人民出版社1991年版，第284页。

"眼中钉、肉中刺"，被驱逐流浪颠簸一生，甚至被关进监狱，被侦探跟踪盯梢，千方百计予以打击迫害，饥饿、贫穷、疾病、子女的死亡伴随他的终生。然而，马克思不惧压力战胜各种不幸和困难，为无产阶级解放事业奋斗终生。

"大雪压青松，青松挺且直。"马克思的"公然"使他投身一切人类的解放事业，世界上没有这样"公然"的理论家能够全身心地投入革命斗争，后人在马克思的"公然"面前不禁肃然起敬。

革命家——

马克思首先是一个革命家。[1]

——恩格斯《在马克思墓前的讲话》

恩格斯《在马克思墓前的讲话》中说："因为马克思首先是一个革命家。他毕生的真正使命，就是以这种或那种方式参加推翻资本主义社会及其所建立的国家设施的事业，参加现代无产阶级的解放事业。"[2]

作为革命家，他弄潮儿向涛头立，毅然投入改变旧世界的伟大斗争，为世界上绝大多数人解放而奋斗不息。由于他反对反动统治，多次以"莫须有"罪名被法庭传讯审判，并被多国驱逐，但他毫不屈服。他终生与人民绑定在一起，关注妇女、儿童、流浪者、黑人、奴隶，关注一切被压迫、被剥削的人。在国际工人运动中，他把工人阶

---

[1]《马克思恩格斯文集》第三卷，人民出版社2009年版，第602页。

[2]《马克思恩格斯文集》第三卷，人民出版社2009年版，第602页。

级的解放作为毕生使命，带领全世界无产者向着黑暗的旧世界发起猛攻，推动全世界无产者联合起来，为争取自己的解放而斗争。他支持巴黎公社起义，愤怒地谴责统治阶级对起义工人的血腥镇压。他密切关注中国，发表一系列文章揭露西方列强侵华罪行，支持中国人民的正义斗争。

作为革命家，他所创建的一切理论都是为了人类解放，无论马克思主义哲学、政治经济学还是科学社会主义，无论《共产党宣言》还是《资本论》，都是为了改变旧的世界，给人类解放指明道路。

1864年10月4日，马克思致信卡尔·克林格斯："工人阶级永远可以把我当成一个忠诚的先锋战士。"[1]

灵巧的细手——

> 细巧的织物需要灵巧的手指，而这只有年幼时进工厂才能做到。[2]
>
> ——马克思《资本论》

童工是英国19世纪资本主义时代特有的现象，由于英国纺织业的发展，许多资本家招雇数百万的9—14岁的童工干活。据童工调查委员会的报告，有140多万儿童、少年和妇女（其中几乎有一半人受小生产和家庭劳动的剥削）被使用。

---

[1]《马克思恩格斯〈资本论〉书信集》，人民出版社1976年版，第189页。

[2]《资本论》第一卷，人民出版社2004年版，第339页。

资本家利用童工灵巧的细手与机器对接，使童工们忍受着非人的折磨为资本家创造财富。马克思在《资本论》中列举了许多资本家对童工的剥削和折磨的事实，并且运用英国童工调查委员会大量的数据，充分说明资本追逐剩余价值的贪婪的本性。"灵巧的细手"正是马克思研究资本主义的一把钥匙。

马克思在《资本论》中指出："儿童们由于手指细巧而被杀戮，正如俄国南部的牛羊由于身上的皮和油而被屠宰一样"[1]，"每天用10小时从那些必须靠人放到凳子上才能干活的幼童的血中抽出丝来"[2]。

"劳动时间越长，'老板娘'用'长棍'来催促儿童的次数就越多。'儿童们逐渐疲乏了。他们的劳动单调乏味，极费眼力，由于姿势持久不变而格外累人，当这种长时间的劳动快要结束时，他们简直像小鸟一样不能安静下来。这是真正的奴隶劳动。'"[3]

"去年（1862年）冬天，19个女孩子中，有6个因为劳动过度，害了病，不能上工。为了不让她们打瞌睡，我必须对她们大声喊叫。……孩子们往往疲倦得睁不开眼睛……我这个孩子7岁的时候，我就常常背着他在雪地里上下工，他常常要做16个钟头的工！……当他在机器旁干活的时候，我往往得跪下来喂他饭，因为他不能离开机器，也不能把机器停下来。"[4]

马克思在《资本论》中还指出资本家让童工严重延长劳动时间，某些"大公司"担心丧失时间，从而"丧失利润"，还"让13岁以下的儿童和不满18岁的少年在长达12—16小时的时间内'丧失'吃午饭

---

[1]《资本论》第一卷，人民出版社2004年版，第339页。

[2]《资本论》第一卷，人民出版社2004年版，第338页。

[3]《资本论》第一卷，人民出版社2004年版，第538页。

[4]《资本论》第一卷，人民出版社2004年版，第286页。

的时间，或者像给蒸汽机添煤加水，给羊毛加肥皂水，给机轮上油等等那样，把午饭仅仅当作劳动资料的辅助材料在生产过程进行中加给他们"[1]。

恩格斯在《英国工人阶级的状况》中也愤然写道："仅仅为了一个阶级的利益，竟有这么多的人成为畸形者和残废者，竟有这么多的勤劳的工人在替资产阶级服务的时候因资产阶级的过失而遭遇不幸，从而陷入穷困和饥饿的厄运。资产阶级的这种令人厌恶的贪婪造成了这样一大串疾病！妇女不能生育，孩子畸形发育，男人虚弱无力、四肢残缺不全，整代整代的人都毁灭了，他们疲惫而且衰弱，——而所有这些不过是为了要填满资产阶级的钱袋！"[2]要了解资本主义制度的罪恶，只需要看童工"灵巧的细手"和老板娘的"长棍"。

这就是年轻的马克思看到的第一眼，马克思从"灵巧的细手"揭示出资本与劳动的对立，正是这第一眼使马克思坚定了推翻旧世界的决心。

驱逐——

当布鲁塞尔由于二月革命影响也开始发生民众运动，看来比利时的时局就要发生突变的时候，比利时政府便毫不客气地把马克思逮捕起来并把他驱逐出境了。[3]

——恩格斯《卡尔·马克思》

---

[1]《资本论》第一卷，人民出版社2004年版，第287页。

[2]《马克思恩格斯全集》第二卷，人民出版社1957年版，第452—453页。

[3]《马克思恩格斯选集》第三卷，人民出版社2012年版，第717页。

这是恩格斯对马克思一次被反动政府驱逐的记述，而实际上马克思一生四次被驱逐。

1845年2月马克思因在《德法年鉴》上宣传进步思想，抨击现存社会黑暗被驱逐出巴黎，前往布鲁塞尔。这次被驱逐，恩格斯曾这样说："普鲁士政府对他进行了报复，1845年春天，它促使基佐内阁下令把马克思驱逐出发法国"[1]。

1848年3月，因出版《共产党宣言》被比利时驱逐。

1849年5月，因反对普鲁士政府的专制，又被普鲁士政府驱逐。

1849年8月，因创办《新莱茵报》又被普鲁士政府驱逐出巴黎。

马克思不仅被驱逐，还曾被关押。在布鲁塞尔，马克思以"身份有问题"为由被关押到市政厅监狱里，和一个狂暴的疯子关在一个牢房，因而必须时刻提防着这个疯子的突然袭击，当天燕妮也被警察关押。

马克思并非甘心被驱逐，他希望有个能接纳自己的国家，从而结束自己的流亡生涯。

1861年，普鲁士国王颁布大赦令，对政治流亡者准许返回普鲁士。马克思认为这是重返家乡的一个良机。他启程回国，提出恢复国籍的申请。然而当局答复，"您这几页呈文所举种种理由，也绝驳不倒下述信念，即您应当作为外国人"。

马克思被自己的国家作为"外国人"而拒之门外，他的申述再次被驳回了。被本国政府驱逐并拒绝回国的马克思，欧洲各国也不欢迎他。

马克思在流亡伦敦25年，被德国最后一次拒绝13年后，又做出一个大胆的决定：加入英国国籍。然而英国当局也拒绝了马克思，理由是：该人系一恶名昭彰之徒，德国鼓动家、国际协会首领与共产主义

[1]《马克思恩格斯选集》第三卷，人民出版社2012年版，第716页。

理论捍卫者，该人对"其君其国不忠"。马克思申述再次被驳回，显然马克思的信念就是推翻资本主义制度，这当然不会被普鲁士政府接受。

马克思被驱逐前，反动当局也曾"劝降"他，只要马克思不再攻击政府，就可以给予出路，甚至高官厚禄。然而，马克思面对各种威胁和劝降，毫不动摇自己的信念，他的答复总是这样一句话："我们立即启程"。

马克思走到哪里，就在哪里探索和传播革命真理，掀起革命风暴，点起革命火种，哪里就是他学习和革命的阵地。他在布鲁塞尔流放了4年，写出了《德意志意识形态》，正是流亡期间，他和恩格斯完成了第一个伟大发现，创立了唯物主义历史观，奠定了共产主义学说的理论基础。这是马克思生平的一个最重要的历史阶段，也是人类精神发展的一个划时代的时期。

在伦敦流亡20多年，马克思写出了人类巨著《资本论》。在异国他乡为人类留下了宝贵的精神财富，树起了一座伟大的精神丰碑。

信仰，影响和改变了马克思的一生，使他走上了一条颠沛流离艰苦斗争的人生道路，也使他成为世界公民。马克思在他的晚年还自豪地说："可以毫不夸张地说，我能够成为工人阶级永远相信的忠诚战士。"

德国历史学家梅林曾如此评价：在19世纪的天才人物中，没有一个曾经经受过比一切天才中最伟大的天才——卡尔·马克思——所经受的更痛苦的命运了。

直到逝世，马克思葬在伦敦的一个公墓。为人类奋斗终生的马克思葬身异国他乡，可谓青山处处埋忠骨，何须马革裹尸还。

一钱不值——

我们两人都把声望看得一钱不值。[1]
——《马克思致威廉·布洛斯》（1877年11月10日）

马克思和恩格斯是全世界无产阶级的革命领袖。随着国际工人运动的迅猛发展，马克思、恩格斯在工人阶级中享有崇高威望，但是他们却把个人的名声看得一钱不值，反对个人崇拜，厌恶对他的奉承。马克思在一封信中说："我和恩格斯都把声望看得一钱不值。举一个例子就可证明，由于厌恶一切个人迷信，在国际存在的时候我从来都不让公布那许许多多来自各国的、使我厌烦的歌功颂德的东西；我甚至从来也不用答复，偶尔答复也只是加以斥责。恩格斯和我最初参加共产主义秘密团体时的必要条件是：摒弃章程中一切主张迷信权威的东西。"[2]

在1865年的国际伦敦代表会议上，李卜克内西在提交大会的报告中反复强调马克思对德国工人运动的巨大作用，马克思看到报告后却禁止在大会上宣读这份报告。他说："因为关于我个人在其中谈得太多了"。因此，在马克思浩如烟海的文字中，从未给后人留下任何自传性的文献，他也许根本没想让后人对他怀念和崇拜。可谓千秋万岁

---

[1]《马克思恩格斯全集》第三十四卷，人民出版社1972年版，第289页。

[2]《马克思恩格斯全集》第三十四卷，人民出版社1972年版，第286、289页。

名，寂寞身后事。这种空白也正是马克思人格的伟大。

淳朴正直的马克思除了崇拜和坚持真理，没有其他任何东西能够使他追求。

私敌——

正因为这样，所以马克思是当代最遭嫉恨和最受诬蔑的人。各国政府——无论专制政府或共和政府，都驱逐他；资产者——无论保守派或极端民主派，都竞相诽谤他，诅咒他。他对这一切毫不在意，把它们当做蛛丝一样轻轻拂去，只是在万不得已时才给以回敬。现在他逝世了，在整个欧洲和美洲，从西伯利亚矿井到加利福尼亚，千百万革命战友无不对他表示尊敬、爱戴和悼念，而我可以大胆地说：他可能有过许多敌人，但未必有一个私敌。[1]

——恩格斯《在马克思墓前的讲话》

因为马克思是全世界无产阶级的革命思想家，一切反动阶级都视他为仇敌；因为马克思是为全人类而工作的，是为全人类的解放而斗争的，所以他又没有一个私敌。

学习吸收人类一切文明成果的宽广胸怀；战胜艰难困苦、矢志不渝，坚定走向自己目标的顽强意志；胸怀坦荡、正直淳朴、没有一个私敌的伟大人格。

他对黑格尔的唯心主义哲学无情批判时，但他并没有完全抛弃和

---

[1]《马克思恩格斯文集》第三卷，人民出版社2009年版，第603页。

诋毁黑格尔。他把黑格尔的辩证法作为"真正的珍珠"。当德国知识界把黑格尔当做一条"死狗"时,马克思却公开承认自己是这位"大思想家的学生"。他批判费尔巴哈机械人本主义时,却吸取了黑格尔的唯物主义,称赞费尔巴哈让唯物主义重新登上了"宝座"。

在与各种机会主义斗争时,他同样无私无畏。他光明磊落,不会勾心斗角,拉党结派,不把个人利益带进革命斗争之中。他以无产阶级利益为底线,不争权夺势,不计得失,不谋私利,没有个人恩怨。一旦有人触犯了,马克思就毫不留情,与他们斗争。对于严重损害革命利益的机会主义者,马克思坚定给予还击。空想社会主义者威廉·魏特林依仗早期对工人运动做出的贡献,狂妄而傲视一切,几乎失去理智,反对革命理论的指导,宣扬和平改良主义。他与燕妮私交甚好,燕妮曾给予他生活上的支持,并介绍他认识了马克思。然而,马克思不顾私情,决然与魏特林机会主义斗争。魏特林脱离了工人运动,在政治上彻底堕落后,马克思与之决裂。燕妮对此给予支持,并对马克思说:"亲爱的卡尔,你的头脑始终高人一筹,我就是因为你有这样的勇气而爱你。"

机会主义分子福格特对马克思和其战友进行恶意诽谤,马克思没有忍让,他不是为了维护自己的声誉,而是认为"这些诉讼对于党在历史上的声誉和它在德国的未来地位具有决定性意义"。为了捍卫党的形象,马克思毅然起诉这两家报纸,法院没有受理起诉,马克思没有就此罢休,他又耗费了大量的时间和精力撰写批判福格特的书——《福格特先生》。

《道德经》中有一句话这样说:"夫唯不争,故天下莫能与之争。"没有一个私敌,这就是马克思的伟大人格体现。对于诽谤和谣言,马克思往往对待像蛛丝一样轻轻拂去,这是怎样的境界啊!那些争名于市、争利于朝的人,那些小肚鸡肠、尔虞我诈的人,那些热衷于互相拆台、落井下石、栽赃陷害的人,与马克思这种胸怀相比是多么的渺小。

比海洋开阔的是天空，比天空开阔的是胸怀。如果真理成就了马克思主义，胸怀则成就了马克思的伟大的人格。

叫花子——

如果不是恩格斯牺牲自己而不断给予资助，马克思不但无法写成《资本论》，而且势必会死于贫困。[1]

——列宁《卡尔·马克思》

他是贫穷的。马克思一生都在流亡中与贫穷、饥饿、疾病甚至死亡作斗争。贫穷每时每刻从四面八方向他袭来。这个男子汉几乎被"五斗米"折腰。

这是伦敦一所普通的院落，马克思在这里度过艰难的岁月。当时由于敌人的迫害，马克思一家陷入贫穷。

贫穷使马克思一家流离失所、债台高筑，马克思多次被起诉，财产被查封。有一年，由于欠房东的债被起诉，家中的全部家当、床铺、衣物，甚至连孩子的摇篮和玩具都被查封。听说马克思家产被查封，药铺、面包铺、肉铺、牛奶铺的老板都蜂拥而至，向他要账。

贫穷使马克思一家生活几乎陷入绝境。孩子们生病，要债的不断上门。马克思夫人营养不良，身体十分虚弱，尤其第四个孩子出生时，体质很差，从出生以来，没有一个晚上能安安稳稳地睡上两三个小时以上的觉，总是不停地啼哭；由于病痛和饥饿，婴儿频频地用力

---

[1]《列宁选集》第二卷，人民出版社2012年版，第417页。

吸奶，以致燕妮的奶头被吸出了裂口，鲜血伴着奶水流进孩子的嘴里。尽管这样，在生死线上挣扎了三个月的孩子还是离开了人世。孩子出生时没有摇篮，死后的棺材也是借钱买的，这就是马克思贫穷的真实一幕。燕妮在回忆录里这样叙述："可怜的孩子和死亡搏斗了三天，受了许多痛苦。小尸体停放在后面小房间里。我们都搬到前面房间来，晚上我们睡在地板上。……可爱的小女儿在我们生活最穷困的时期死去了。我们德国的朋友们这时候无力帮助我们……当时有一个法国流亡者住在我们附近，他曾来过家。我战战兢兢地跑到他那里去，求他接济。他立刻极为友善地给了我两英镑。这样才付清了小棺材的钱，现在可怜的孩子安然躺在里面。小女孩出生时没有摇篮睡，死后也好久得不到安息之处。"

马克思给恩格斯的一封信中说："我诚心告诉你，我与其写这封信给你，还不如砍掉自己的大拇指。半辈子依靠别人，一想起这一点，简直使人感到绝望。这时唯一能使我挺起身来的，就是我意识到我们两人从事着一个合伙的事业，而我则把自己的时间用于这个事业的理论方面和党的方面。"[1]

有一次恩格斯给马克思写信："你需要多少英镑才能还清你的债务？"马克思让燕妮整理了一份债务清单寄给了恩格斯，恩格斯如数寄来了英镑，但没想到的是，没过多久又出现了亏空。原来燕妮有意隐瞒了一笔70英镑的债务，这个刚强而又善良的女人也怕给恩格斯增加过多的负担。

然而，穷且益坚，不坠青云之志。马克思贫贱不移，威武不屈。这个贫穷的流浪者的身后却有成千上万、越来越多的追随者，这个像乞丐一样的穷人却手中掌握着真理，掌握着人类社会最强大的力量，

---

[1]《马克思恩格斯全集》第三十一卷，人民出版社1972年版，第135页。

他用他的学说为人类社会发展指明了前进的方向。世界上最贫穷的作家和革命家，却创造了令后人叹为观止的精神财富。

贫穷和富有都集中在他一个人身上，一个最穷的人却创造了世界最宝贵的精神财富，这在人类历史上绝无仅有。

第二提琴手——

我只是有幸来收获一位比我伟大的人——卡尔·马克思播种的光荣和荣誉。[1]

——恩格斯《致"柏林人民报"编辑部》

恩格斯在马克思面前十分谦虚，他称自己是收获一个伟人的荣誉。恩格斯在写给一个老朋友的信中说："我一生所做的是我被指定做的事，就是拉第二小提琴。"[2]

在艰巨复杂的革命斗争中，马克思和恩格斯风雨同舟、肝胆相照；在攻坚克难的理论探索中，马克思和恩格斯互相切磋、相互砥砺。马克思衷心感谢恩格斯对他的无私帮助和深切关怀，高度评价恩格斯的理论造诣和渊博学识，称赞他"是一部真正的百科全书"。恩格斯则反复强调，科学社会主义的理论基石是马克思奠定的，马克思是"出色的第一提琴手"，而他自己则甘当"第二提琴手"。恩格斯的由衷之言，不仅反映了他的谦逊品格和宽广胸怀，而且体现了他实

---

[1]《马克思恩格斯全集》第二十二卷，人民出版社1965年版，第100页。

[2]《马克思恩格斯选集》第四卷，人民出版社1972年版，第449页。

事求是的科学态度。

恩格斯说："我不能否认，我和马克思共同工作40年，在这以前和这个期间，我在一定程度上独立地参加了这一理论的创立，特别是对这一理论的阐发。但是，绝大部分基本指导思想（特别是在经济和历史领域内），尤其是对这些指导思想的最后的明确的表述，都是属于马克思的。我所提供的，马克思没有我也能够做到，至多有几个专门的领域除外。至于马克思所做到的，我却做不到。马克思比我们大家都站得高些，看得远些，观察得多些和快些。马克思是天才，我们至多是能手。没有马克思，我们的理论远不会是现在这个样子。所以，这个理论用他的名字命名是理所当然的。"[1]

恩格斯在度过七十寿辰以后，为了对世界各地向他庆贺的人表示感谢，写了一封公开信，他在信的末尾谦虚地写道："我只是有幸来收获一位比我伟大的人——卡尔·马克思播种的光荣和荣誉。因此，我只有庄严的许约，要以自己的余生积极地为无产阶级服务，但愿今后尽可能不辜负给予我的荣誉。"[2]

怀疑——

怀疑一切。[3]

——马克思《自白》

---

[1]《马克思恩格斯文集》第四卷，人民出版社2009年版，第296—297页。

[2]《马克思恩格斯全集》第二十二卷，人民出版社1965年版，第100页。

[3]《马克思恩格斯全集》第三十一卷（下），人民出版社1972年版，第589页。

伟人自有过人之处。歌德说："人们只是在知识很少的时候才有准确的知识，怀疑会随着知识一道增长。"年轻时的马克思以独立的个性与众不同，他一直这样认为，人生最大的幸福是斗争；最大的不幸是屈服；最厌恶的缺点是奉迎；自己的座右铭是怀疑一切；自己的特点是目标始终如一。这就是马克思的人格与本色，铸就了马克思的品质。

一生怀疑一切，用批判的目光审视人类创造的各种文明成果，他把屈服、逢迎作为人生的最大不幸，而把怀疑一切作为自己的座右铭，把斗争作为人生最大的幸福。

马克思具有质疑一切的特质，除了崇拜真理，别的什么都不崇拜。金钱、名利、权势、权威都阻挡不了他的质疑和批判，这种质疑和批判是马克思主义的精髓。在探索真理的道路上，马克思一直用自己的头脑思考问题，寻求答案。他曾说思考是一切。马克思在年轻时，曾怀疑上帝是否真的仁慈，是否真的具有无边的法力，怀疑资本主义鼓吹的博爱、平等、自由是否真的存在。后来，马克思对黑格尔、费尔巴哈，对空想社会主义，对资产阶级经济学家产生的怀疑乃至批判，都来自他用自己的头脑思考问题，也来自他敢于怀疑一切。

在探索和捍卫真理的战斗中，他是一个绝不会让半步的生气勃勃的斗士。一切以"绝对真理"面貌出现的狂诞的学说，一切陈腐过时的空谈，一切故步自封的教条，都会在他犀利的笔尖下显示出原形。

质疑就是不盲从，在探索真理的道路上，马克思一直用自己的头脑思考问题，寻求答案。权威们给出的答案却是马克思的起点，在他们停顿的地方，马克思又开始起步。

黑格尔、费尔巴哈、亚当·斯密、大卫·李嘉图、圣西门、傅立叶、欧文等思想理论界的权威，既是马克思的老师，又是马克思的批判对象。显然，没有敢于"站在巨人的肩膀上"的勇气，没有敢于创新的意识，他就不可能创立马克思主义，就不可能在人类历史上留下了宝贵的精神财富。

徘徊——

我一直在坟墓的边缘徘徊。因此，我不得不利用我还能工作的每时每刻来完成我的著作，为了它，我已经牺牲了我的健康、幸福和家庭。[1]

——《马克思致齐格费里德·迈耶尔》（1867年4月30日）

"我一直在坟墓的边缘徘徊"，正是马克思晚年工作和写作的真实写照。马克思晚年和夫人燕妮都患有多种疾病，而且越来越重。恩格斯在信中提醒马克思说："……不过你要节制，同时请你给我和你的家人赏个面子——去治治病吧。万一你出了什么事情，整个运动会怎样呢？如果你这样一意孤行，事情必然要弄到这个地步。"

燕妮致一朋友库格曼的信中说："我的可怜的丈夫因十分痛苦的和危险的老毛病复发而卧床已有一个月了。在这些日子里，我们全家都很担惊受怕，惶惶不安，这些都用不着向您多说了。正是在1月初，他就开始整理自己的书的全部稿件，以便复印，誊写工作进展得非常快，因此抄稿的数量大大增加了。卡尔感觉很好，也很幸福，因为已经做了这样多工作，可是，却突然长了一个痈，不久又接着长了两个。最后一个非常疼痛，而且拖了很久，特别妨碍着他的行走和一切行动……我们用砒剂来治疗已经两天了，卡尔希望这种疗法会有好的

---

[1]《马克思恩格斯文集》第十卷，人民出版社2009年版，第253页。

效果。书的最后完工再次推迟，这对于他来说简直是要命，每天夜里他说梦话都说到个别章节。"[1]

然而，病痛的折磨没有使马克思放下手中的笔。

1881年12月2日，燕妮逝世。

1883年1月11日，马克思的长女小燕妮突然去世。马克思当时并不知情，他的小女儿爱琳娜接到姐姐逝世的电报后，就动身去告诉马克思。她在回忆录中这样说："我一生经历过不少悲哀的时刻，但从来没有像这次那样悲痛，我感觉我这一去就等于把死亡判决书带给我父亲。在漫长而忧愁的旅途中，我苦苦思索如何把这个消息告诉他。但用不着我说，我的面部表情已经把一切都告诉了他。摩尔马上说，我们的小燕妮死了。"在接到噩耗的当天，在外地养病的马克思就返回伦敦。

马克思苍老的身体再也无法承受连续的打击，死神一步一步向马克思逼近，3个月后的1883年3月14日，他就离开了他所奋斗的世界，书桌上仍放着《资本论》的续稿。

自从马克思患重病以来到逝世，马克思在坟墓的边缘徘徊了多年，他却一直以坚强的意志进行写作和奋斗。

---

[1]《马克思恩格斯全集》第三十一卷（下册），人民出版社1972年版，第592页。

第三部分
天才般的大脑

　　"天才般的大脑"，这是恩格斯对马克思的形容。马克思被誉为"世界最强大脑"。一个革命家这样形容："他的头脑就像停在军港里待命出发的一艘军舰，可以随时开向任何思想的海洋。"这个头脑，使他在逝世后获得了"千年思想家"的称号。这个头脑，使他攀登上真理的高峰。

　　天才出自勤奋，天才的大脑来自他埋头汲取人类文明的一切知识成果，这种"埋头"精神铸就一个人类伟大的头脑。

埋头——

　　我宁愿被埋葬在百丈深渊之下，也不愿这样苟延残喘。老是牵累别人，同时自己也总是疲于同卑微的日常琐事作战，长此以往，实在难以忍受。我自己还能在埋头研究一般问题时忘却这种困苦，而我的妻子自然没有这样的避难所。[1]

——《马克思致恩格斯》（1858年1月28日）

马克思的埋头精神就是将生死置之度外。正当马克思在科学的道路上艰难跋涉时，由于拼命工作身体严重透支，马克思的健康状况越来越坏，肺病和肝病同时折磨着他。他在写《资本论》时说："我一直在坟墓的边缘徘徊"，"像马一样地工作着"。

马克思的埋头精神，就是将各种不幸置之度外。马克思一生可谓"风刀霜剑严相逼"，尤其经受丧子丧妻的打击，他承受着巨大的不幸而继续埋头研究，这该有多么大的毅力。1855年4月6日，他8岁的唯一儿子因病死亡，马克思在为儿子送葬时，他把头深深地埋在双手之中，悲痛难以诉说。然而，他却初心未改。他在给恩格斯的信中说："在这些日子里，我之所以能忍受这一切可怕的痛苦，是因为时刻想念着你，想念着你的友谊，时刻希望我们两人还要在世间共同做一些有意义的事情。"[2]

马克思的埋头精神，就是将各种虚名、名利置之度外，只为耕耘不问收获。他用工匠精神一丝不苟、默默无闻以"十年磨一剑"的精神锻造革命理论。可谓"为伊消得人憔悴"。马克思把写作当作精雕细刻的艺术品，决不把半生不熟的作品流于后世。燕妮在回忆录中说，马克思在写作《资本论》时，"他往往不等咽下最后一口饭就回到书房""他常常拿起火柴又忘记了点烟""他的整个身体都为脑袋而牺牲了，他在睡觉时做梦也时常说的是《资本论》章节"。恩格斯

---

[1]《马克思恩格斯全集》第二十九卷，人民出版社1972年版，第256—257页。

[2]《马克思恩格斯全集》第二十八卷（上），人民出版社1973年版，第442页。

曾说："马克思在五十年代一个人埋头制定了剩余价值理论。"[1]

《1844年经济学哲学手稿》是马克思一个人埋头写作的结果，他在不为人知的艰苦写作之中，研究和剖析资本主义经济社会。写作的内容只有他一个人知道，连恩格斯也毫不知情，直到逝世的80多年之后，这部厚厚的手稿和其他手稿被一起运到苏联。苏联马克思恩格斯列宁研究院着手准备整理和翻译这些手稿时，他们才意识到这些手稿的重要性。苏联人找来出色的情报解密专家进行翻译，并推测这些就是马克思1844年在巴黎所写下的手稿，由于内容涉及经济学和哲学，因此以《1844年经济学哲学手稿》来命名。1932年这部手稿终于发表，震动了当时的全球哲学界，许多思想家在看过这部手稿后，从根本上转变了对马克思的研究态度。从这部手稿写作到发表历经近一个世纪，穿越时空，仍闪烁着真理的光芒。这部手稿被后人称为"马克思学说真正的诞生地和秘密"。

要成就大事者，必须有埋头精神。没有埋头，哪能攀上真理的高峰；没有埋头，哪有人类精神的宝贵财富。司马光的《资治通鉴》是中国古代第一部系统编年通史，也是一部优秀的历史名著。司马光为此书付出毕生精力，成书不到两年，便积劳而逝。他曾自述道"臣今筋骨，目视混近，齿牙几无，神识衰耗，旋踵而亡。臣之精力，尽于此书"。美国生物学家摩尔根20多年研究果蝇，创立了基因论，为探索生物遗传开拓了一条新路。居里夫人埋头研究发现了化学元素镭；杂交水稻之父袁隆平毕生埋头研究水稻；陈景润埋头研究哥德巴赫猜想，摘取了世界数学王冠。核潜艇之父黄旭华30年埋头从事核潜艇研究。乒乓球世界冠军邓亚萍因为个子矮曾被省体育队淘汰，但她在父亲和教练的指导下十几年埋头训练，别人是正常训练，她是绑着沙袋训练，多年的刻苦训练练就了变幻出奇的腿功和善打怪球的手功，弥

---

[1]《马克思恩格斯全集》第三十九卷，人民出版社1974年版，第25页。

补了身高的不足，成为享誉海外的世界冠军。

艰难困苦，玉汝于成。埋头吧，像马克思那样。

空谈——

少发些不着边际的空论，少唱些高调，少来些自我欣赏，
多说些明确的意见，多注意一些具体的事实，多提供一些实
际的知识。[1]

——《马克思致阿尔诺德·卢格》

马克思崇尚埋头苦干，他最厌恶空谈。在他的经典著作中，对那些机会主义者的不学无术、夸夸其谈，曾给予无情的讥讽和批判。马克思把机会主义分子福格特比喻为"空话篓子"，将机会主义者蒲鲁东比喻为"神圣的马屁精"，马克思声称要将他们"挥鞭赶出学术的教堂"，报纸上"一大堆毫无意义却自命能扭转乾坤的废料"、高谈阔论的"革命家"，都为马克思所不齿。

拉萨尔是全德工人联合会主席，在工人运动中具有重要地位。但他倚仗伯爵夫人的鼻息而享受骄奢生活，他以猎奇为消遣，到处旅游逛荡，周旋于上流社会之中，对最高当局卑躬屈膝，在投机圈内穿梭不息，以"革命男爵"自居，马克思与他分道扬镳。

马克思与青年黑格尔派的分歧也是因为黑格尔派陷入空话、空谈之中。马克思加入青年黑格尔派后，因为黑格尔派尽管提出批判一切的口号，但不提出任何积极的行动纲领，成为思想上的巨人、行动上

---

[1]《马克思恩格斯文集》第十卷，人民出版社2009年版，第3页。

的矮子。马克思与青年黑格尔派之间的分歧越来越大，马克思拒绝在《莱茵报》刊发他们的文章，并批判道："这班人已习惯于把《莱茵报》看成是他们的惟命是从的机关报，而我则决定不让他们再像以前那样空谈下去了。"[1]接着，于1842年11月，马克思在一封批评自由人的信中说："少发些不着边际的空论，少唱些高调，少来些自我欣赏，多说些明确的意见，多注意一些具体的事实，多提供一些实际的知识。"[2]

忽略——

凡是人类社会所创造的一切，他都有批判地重新加以探讨，任何一点也没有忽略过去。[3]

——列宁《青年团的任务》

揭示真理本身就是一件十分艰巨的工作，马克思始终以极为严肃的科学态度对待科学研究，从不满足于已得出的结论，而是刨根问底，发现和揭示真理。

恩格斯指出："马克思在他所研究的每一个领域，甚至在数学领域，都有独到的发现，这样的领域是很多的，而且其中任何一个领域

---

[1]《马克思恩格斯全集》第四十七卷，人民出版社2004年版，第41页。

[2]《马克思恩格斯全集》第十卷，人民出版社2009年版，第3页。

[3]《列宁选集》第四卷，人民出版社2012年版，第284页。

他都不是浅尝辄止。"[1]

马克思研究自然科学、社会科学、医学、遗传学、解剖学、数学等，从不同学科中汲取丰富的营养，铸就了马克思主义的"一块整钢"。从恩格斯指出的"任何一个领域他都不是浅尝辄止"到列宁指出的"任何一点也没有忽略过去"，反映了马克思严谨的治学态度。马克思主义之所以驳不倒，就在于形成了严密而完整的理论体系，各种知识相互支撑。正如列宁所说："马克思学说具有无限力量。就是因为它正确。它完备而严密，它给人们提供了决不同任何迷信、任何反动势力、任何为资产阶级压迫所作的辩护相妥协的完整的世界观。马克思学说是人类在19世纪所创造的优秀成果——德国的哲学、英国的政治经济学和法国的社会主义的当然继承者。"[2]

面对浩瀚的知识，马克思在汲取人类知识的同时，以批判的态度加以审查，"任何一点也没有忽略过去"。恩格斯对此指出，"这里并不是纯粹的咬文嚼字，而是牵涉到全部政治经济学中一个极重要的问题"[3]。

马克思曾把人类社会划分为原始社会、奴隶社会、封建社会、资本主义社会、社会主义社会和共产主义社会六种社会形态，然而马克思并不满足这种研究和划分。他根据摩尔根的古代社会研究，追根求源，又发现了原始社会之前的氏族社会，又把史前史向前推进，揭开了一个历史之谜，从而确认了它作为人类社会原生形态的地位，人类最古老的历史被呈现在后人面前。马克思揭示出人类社会原生形态的秘密，使历史唯物观得到了更充分的说明。

---

[1]《马克思恩格斯文集》第三卷，人民出版社2009年版，第601—602页。

[2]《列宁选集》第二卷，人民出版社2012年版，第309—310页。

[3]《马克思恩格斯选集》第一卷，人民出版社1972年版，第341页。

剩余价值也是马克思刨根问底"问"出来的，正如恩格斯所说："马克思在50年代一个人埋头制定了剩余价值"。他通过对商品的研究，揭示出资本主义生产方式的矛盾，发现了劳动异化理论，进而揭示了资本剥削工人的秘密，即剩余价值理论。他用毕生的精力研究政治经济学和剩余价值，完成了被恩格斯称为的第二大发现。

马克思没有一种研究是肤浅的。为了研究俄国公社和原始社会的起源和发展，他在50岁时开始学习俄文，在1881年所列的"我书架上的俄国资料"的书单居然有120种之多。在1843年到1847年间他写出24本经济学笔记，摘录了从17世纪到19世纪大约70个经济学家的著作。

正如一个跟踪马克思的侦探所说："他脚趾间里的精神财富，要比其他一些社团和人们脑袋里的精神财富还要多。"正因为如此，向马克思学习的不仅有他的追随者，也有他的敌人。

汲取——

> 马克思主义这一革命无产阶级的意识形态赢得了世界历史性的意义，是因为它并没有抛弃资产阶级时代最宝贵的成就，相反却吸收和改造了两千年来人类思想和文化发展中一切有价值的东西。[1]
>
> ——列宁《关于无产阶级文化》

马克思主义不是空穴来风，马克思也不是一夜天才，马克思主义汲取人类所创造的一切文明成果，他是站在历史巨人的肩膀之上攀登

---

[1]《列宁选集》第四卷，人民出版社2012年版，第298页。

真理高峰的。

从自然科学中汲取营养

马克思把自然科学当作历史唯物主义和辩证唯物主义的起点，把自然界当成辩证法的"试金石"，自然界就是辩证法的"胚胎"。当看到自然科学发展的每一项成就时，他就感到十分高兴。他通过对自然科学的研究尤其对达尔文进化论的继承，坚信人是自然界的一部分，世界的一切都是在运动和变化的，这种运动和变化的思想支撑了马克思主义的革命学说。

马克思还把科技的力量作为革命的力量，在他看来，风、水、电等发明都是时代的宠儿，都是他学说的基石和革命的杠杆，他以极大的兴趣钻研科学的每一项成就，从中汲取革命的力量。正如恩格斯《在马克思墓前的讲话》中所说："在马克思看来，科学是一种在历史上起推动作用的、革命的力量。任何一门理论科学中的每一个新发现——它的实际应用也许还根本无法预见——都使马克思感到衷心喜悦，而当他看到那种对工业、对一般历史发展立即产生革命性影响的发现的时候，他的喜悦就非同寻常了。例如，他曾经密切注视电学方面各种发现的进展情况，不久以前，他还密切注视马塞尔·德普勒的发现。"[1]

从社会科学中汲取营养

马克思主义来源于德国古典哲学、英国古典政治经济学和法国空想社会主义。"但是，马克思并没有停止在18世纪的唯物主义上，

---

[1]《马克思恩格斯文集》第三卷，人民出版社2009年版，第602页。

而是把哲学向前推进了。他用德国古典哲学的成果，特别是用黑格尔体系（它又导致了费尔巴哈的唯物主义）的成果丰富了哲学。这些成果中主要的就是辩证法，即最完备最深刻最无片面性的关于发展的学说，这种学说认为反映永恒发展的物质的人类认识是相对的。"[1]马克思主义把无产阶级哲学交给了人类，尤其交给了工人阶级。

马克思以前的古典政治经济学是在最发达的资本主义国家英国形成的，马克思继续了他们的事业，严密论证并发展了这个理论，尤其创立了剩余价值学说，奠定了马克思主义政治经济学的基础。

各种社会主义学说也诞生于马克思之前，他们反抗压迫和奴役，但没有真正指出人类解放的出路，没有找到创造新社会的力量。列宁指出："马克思的天才就在于他最先从这里得出了全世界历史所提示的结论，并且彻底地贯彻了这个结论。这个结论就是阶级斗争学说。"[2]马克思指明了人类解放的道路，使社会主义由空想成为科学，创立了科学社会主义学说。

从不同思想和不同意识形态中汲取营养

马克思主义理论是科学的理论，与人类文明成果具有一致性。无产阶级文化、社会主义文化与人类文明不是对立的，而是一致的。因此，马克思主义正是在吸收人类一切文明成果的基础上产生和发展的。

社会主义与资本主义也有相互继承性，资本主义的资金、技术、管理和经验也值得社会主义国家借鉴。在《共产党宣言》中马克思肯定了资本主义在历史上的作用。

列宁在《马克思主义的三个来源和三个组成部分》中所说："哲

---

[1]《列宁选集》第二卷，人民出版社2012年版，第310页。

[2]《列宁选集》第二卷，人民出版社2012年版，第314页。

学史和社会科学史都十分清楚地表明：马克思主义同'宗派主义'毫无相似之处，它绝不是离开世界文明发展大道而产生的一种故步自封、僵化不变的学说。恰恰相反，马克思的全部天才正是在于他回答了人类先进思想已经提出的种种问题。他的学说的产生正是哲学、政治经济学和社会主义极伟大的代表人物的学说的直接继续。"[1]

实践证明，马克思主义并非横空出世，马克思也并非先知先觉的"神人"，对人类文明成果的继承和发展才产生了马克思主义。马克思之所以伟大，马克思主义之所以成为举世公认的真理，马克思的学说之所以能够披荆斩棘，在多如牛毛的各种学派中脱颖而出，就在于马克思站在历史巨人的肩膀之上；马克思主义能够战胜它的敌人和对手，不仅依靠道义和真理的力量，而且还依靠知识的力量，依靠从一切人类文明成果中汲取的力量。

最强大脑——

19世纪下半叶最伟大的头脑停止思考了。……这个天才的头脑不再用他那强有力的思想来哺育新旧大陆的无产阶级运动了。我们之所以有今天的一切，都应当归功于他；现代运动当前所取得的一切成就，都应归功于他的理论活动和实践活动；没有他，我们至今还会在黑暗中徘徊。[2]

——《恩格斯致威廉·李卜克内西》（1883年3月14日）

---

[1]《列宁选集》第二卷，人民出版社2012年版，第309页。

[2]《马克思恩格斯选集》第四卷，人民出版社2012年版，第557—558页。

1883年3月15日，恩格斯在致左尔格的信中说道，由于马克思的去世，人类失去了一个头脑，而且是在当代所拥有的最重要的一个头脑。

马克思在年轻时就被称为"大博士"，他过人的才智和聪慧在学生时代已经崭露头角。

一个叫赫斯的大学者在一封信中这样介绍马克思："马克思博士，这个我所最崇拜的人，还是一位十分年轻的人（至多不过24岁左右），他将给中世纪的宗教和政治以致命的打击；他既有深思熟虑、冷静、严肃的态度，又有着最辛辣的机智；如果把卢梭、伏尔泰、保尔·里昂、霍尔巴赫、莱辛、海涅和黑格尔合为一人，那么结果就是一个马克思博士"[1]。

这颗大脑曾让历史再次沸腾。马克思是亘古罕见的思想巨人，他一生都在思想，可谓是"生命不息，思想不止"！他青年时期被称为"思想牛首""思想库""思想加工厂"，马克思逝世后，恩格斯说"当代最伟大的思想家停止思想了"。他的学说是时代的产物，而他的理论创造源于他的思想。马克思的思想魅力是永恒的。

他不允许任何锁链来绞死自己泉水般喷涌的思想，哪怕是最美丽的锁链。他确信，迷恋黄金的宝座，企求高雅的桂冠，生命就会枯萎。身外一万种价值连城的珍珠宝石也不能使空虚的心灵得到充实。

他的思想改变了整个世界的面貌，这在人类思想史上没有先例。马克思比同时代的人站得更高，看得更远。在众多伟大的历史人物中，马克思的地位是无与伦比、无人超越的。

"文章千古事，得失寸心知。"面对如此巨大的思想理论财富，怎能不令人肃然起敬！勤奋使马克思获取渊博的知识，而渊博的知识又

---

[1]中共中央马克思恩格斯列宁斯大林著作编译局：《回忆马克思》，人民出版社2005年版，第270—271页。

是马克思治学的思想基础。

1999年9月，英国广播公司（BBC）评选"千年第一思想家"，在全球互联网上公开征询投票一个月。汇集全球投票的结果，马克思位居第一，爱因斯坦、牛顿、达尔文这些伟大的科学家排名居马克思之后。

2005年7月，英国广播公司以古今最伟大的哲学家为题调查了3万名听众，题目是"谁是现今英国人心目中最伟大的哲学家"。7月14日调查结果公布：共产主义理论奠基人卡尔·马克思以27.93%的得票率排在第一位。休谟、柏拉图、康德、苏格拉底、亚里士多德和黑格尔等远远落在其后。该栏目的主持人布拉格认为，"马克思当选为最伟大哲学家有诸多因素，但是能够解释一切的理论是他夺冠的最重要原因"。

马克思是富有的，他是精神财富的富有者。马克思作为伟大的政治家、哲学家和经济学家，博学多识，他聪明的头脑被比喻为像牛头一样大，他一生硕果累累。《马克思恩格斯全集》原计划出版164卷，1992年改为出版114卷，预计于2025年后完成。马克思的思想被称为一所大学校，他创造的学说迄今为止无人超越。恩格斯曾说：马克思的思想是无产阶级斗争的军械库，他用学说哺育整个无产阶级。马克思的著作向我们展示了一颗人类知识最丰富的大脑。

读书——

我只不过是一架机器，注定要吞食这些书籍。[1]

——《马克思致劳拉·拉法格和保尔·拉法格》（1868年4月11日）

啃书本对马克思来说就是要知道一切，从书海里汲取知识，古希腊神话、数学、历史学、解剖学、农艺学……人类知识的各个领域无不使他寻根问底地学习，也使他的学识极为渊博。无法统计马克思一生"啃过"多少书，用"难以计数"并不过分。

采得百花成蜜后。天才就是勤奋。每一个天才般的发现的背后都是艰难的探索，天才般的头脑是靠勤奋和知识的充实，天才般的语言也来自勤奋和知识的锻造。他的天才般的头脑也来自他的勤奋，天才加勤奋成就了马克思，成就了马克思主义。

啃书本对马克思来说就是要探索真理。马克思通过啃书本，从许许多多杂乱无章的事实和材料中进行科学分析，预见到未来，揭示出人类社会、自然现象和人类思维的规律。

这就是他经常向我们大声疾呼的无上命令。他自己就是这方面的榜样，你只要一见这位伟大的智者永不停息的顽强的学习精神，也会有这样的感觉。

马克思年轻时曾说，用华丽的衣服装饰自己，不如用知识武装自

---

[1]《马克思恩格斯全集》第三十二卷，人民出版社1974年版，第533页。

己。马克思终生都在读书，他在生病期间还"吞下"了许多统计学方面的知识，他在晚年学习俄语、研究古代人类学，他记的三本读书笔记《巴黎笔记》《伦敦笔记》《人类学笔记》是他一生学习的见证，也是一块块巨大的海绵，一点一滴汲取着人类知识。活到老学到老，马克思做到了。

大英博物馆——

如果没有伦敦博物馆，马克思就写不出《资本论》。[1]
——毛泽东《在广州中央工作会议上的讲话》

他来了，几乎像钟点一样准时，怀里揣着厚厚的笔记本，坐在靠近窗口的一个位置，从1850年秋，马克思手持阅览证，就成为大英博物馆的常客。大英博物馆就是他获取知识和真理的地方，马克思在这里度过了漫长的岁月。

大英博物馆是当今世界上最大的集图书、文物于一体的博物馆，也是欧洲最有名的图书馆，这里曾培养了一代又一代的科学家、思想家。从马克思的笔记本和摘录本中可以查到他在20年内读了1500多本书籍。

"读书破万卷，下笔如有神。"在这里，他汲取丰富的知识和智慧，包括自然界以及人类创造的一切成果，为人类锻造思想武器。仅写《资本论》期间查阅的各种书籍就有1000多本。大英博物馆保存的蓝皮书，是对印度社会历史的调查，长期无人问津，几十斤重的蓝皮

[1]《毛泽东文集》第八卷，人民出版社1999年版，第262页。

书是英国下议院做的社会调查，它是用来当作议员们射击时检测子弹穿透力的"靶子"，但是却被马克思如获至宝。他从这里了解了很多下层社会的资料，在这里他完成了著名的《资本论》。

为了写政治经济学，用政治经济学这把无形的"手术刀"剖析资本主义政治经济，马克思在大英博物馆查阅资料进行写作。

1851年5月23日，马克思在给恩格斯的信中说："我现在每天从早上十点钟到晚上七点钟总是在图书馆里。"[1]如果图书馆闭馆，停止阅览，对马克思来说简直是一种损失。在1854年9月2日的信中又写道："可惜图书馆在9月1日至7日闭馆。"[2]

至今大英博物馆仍然保留着马克思读书的"专座"。

---

[1]《马克思恩格斯全集》第二十七卷，人民出版社1992年版，第282页。

[2]《马克思恩格斯全集》第二十八卷，人民出版社1973年版，第388页。

第四部分
他的目光

革命的实践、知识的熏陶使马克思具有锐利的目光。在探索和捍卫真理的战斗中，他是一个绝不会让半步的生气勃勃的斗士。一切以"绝对真理"面貌出现的狂诞的学说，一切陈腐过时的空谈，一切故步自封的教条，都会在他犀利的笔尖下显现出原形，谁也逃脱不了他的目光。

锐利目光——

在这样的转变时机，我们感到必须用思想的锐利目光去观察今昔，以便认清自己的实际状况。[1]

——马克思《致亨利希·马克思》（1837年11月10—11日）

马克思的目光是犀利的。他的目光具有穿透一切的力量，往往能

---

[1]《马克思恩格斯全集》第四十七卷，人民出版社2004年版，第5页。

发现别人无法发现的秘密。马克思用一双慧眼揭示隐藏的秘密，揭示事情的真相。

在资本主义社会关系中，人与人之间的剥削关系被一种物与物之间的关系掩盖起来。在雇佣劳动下，货币关系掩盖了雇佣工人的无偿劳动，掩盖了资本对工人的剥削。马克思通过商品和劳动发现了剩余价值，通过剩余价值揭穿了资本掩盖剥削的秘密。正如列宁所说："凡是资产阶级经济学家看到物与物之间的关系（商品交换商品）的地方，马克思都揭示了人与人之间的关系。"[1]商品——千百万人司空见惯的东西却被马克思捕捉到了巨大的秘密，发现了商品背后隐藏的一切东西：价值、劳动、剩余价值，发现了商品背后人与人的关系，发现了资本主义生产方式，揭示了资本主义必然要被无产阶级代替的客观规律。

他的目光是深邃的。他把目光转移到人类社会的源头，探讨从原始公社制社会如何进入以奴隶制为开端的阶级社会，捕捉村落公社，研究印度、中国、土耳其等，了解到东方国家不存在土地私有制这一独特现象，从而发现人类社会的最初阶段是原始公社制社会。马克思认为这是了解东方天国的"一把真正的钥匙"，进而揭示出人类社会的源头是原始氏族社会，这是人类历史的源头，将人类社会历史又向前延伸了。

他的目光面向人类。他站在人类解放的高度，密切关注世界各国的革命斗争和人民命运，无论欧美等先进资本主义国家还是殖民地、半殖民地的亚非拉国家，都在他的视野之中，始终注视着世界上一切被压迫民族的命运。"十字军的东征""蒙古人的西征"，在历史学家眼中只是一场战争，但在马克思眼中无论东征还是西征都是以战争这种特殊的形式进行的国际交往，战争使以地中海为中心的世界历史

---

[1]《列宁全集》第二十三卷，人民出版社1990年版，第40页。

大框架里开始加入了亚洲以及东方国家和地区的历史内容，比如俄国和东欧的一些民族都加入了这种文明的交往之中，透过这些历史现象，马克思看到的是这些现象背后的本质，历史正在向世界历史转变，一种世界历史的意识正在悄然形成。

他的目光紧随时代。他关注19世纪刚兴起的科技革命，从中发现科技革命带来生产力的迅猛发展和巨大变化，必将加剧资本主义生产方式的矛盾，如同蒸汽机促使封建时代消亡一样，更先进的生产力必将促使资本主义制度的灭亡，必将开创新的时代。因此，他和恩格斯将科技称为革命的"伟大杠杆"，风、电、雷都是"危险万分的革命家"，是"时代的宠儿"。

借助——

唯物主义历史观及其在现代的无产阶级和资产阶级之间的阶级斗争上的特别应用，只有借助于辩证法才有可能。[1]

——恩格斯《社会主义从空想到科学的发展》

"借助于辩证法"，恩格斯这句话讲述的是哲学与无产阶级的关系。无产阶级哲学是马克思主义的重要组成部分。马克思主义政治经济学和科学社会主义都离不开无产阶级哲学的支撑。

马克思主义借助哲学揭示人类社会的发展规律，使人类解放有了精神武器。马克思主义借助对立统一规律、辩证规律、量变到质变的

---

[1]《马克思恩格斯全集》第十九卷，人民出版社1963年版，第346—347页。

规律、否定之否定规律观察认识客观世界，批判宗教神学和形而上学的天命论和宿命论，如同思想的闪电照亮黑暗的欧洲，唤醒无产阶级的觉醒和斗争意识，使无产阶级掌握了解放自己和全人类的武器。马克思曾这样形象地指出："哲学把无产阶级当做自己的物质武器，同样，无产阶级也把哲学当做自己的精神武器。"[1] "德国人的解放就是人的解放。这个解放的头脑是哲学，它的心脏是无产阶级。"[2] "哲学是在敌人的叫喊声中进入世界的"[3]。列宁也说："马克思的哲学是完备的哲学唯物主义，它把伟大的认识工具给了人类，特别是给了工人阶级。"[4]

马克思并非圣人，他借助人类文明的一切成果创造自己的理论，借助黑格尔的辩证法和费尔巴哈的唯物主义哲学创立无产阶级哲学，从此把这种伟大的认识工具给了人类，尤其给了工人阶级，从此认识世界、观察世界有了科学的世界观和方法论。毛泽东在《中国革命战争的战略问题》中就指出："我们的眼力不够，应该借助于望远镜和显微镜。马克思主义的方法就是政治上军事上的望远镜和显微镜。"[5] 历史唯物主义和辩证唯物主义是科学的世界观和方法论，是我们认识客观世界的望远镜和显微镜。掌握了这些方法论，就能揭示事物的客观规律，从而能动地改造客观世界和主观世界。

借助也是一种方法。不仅需要借助先进的思想武装自己，更好地观察和认识世界，也需要借助先进的方法实现自己的目的。毛泽东曾谈到过方法与任务的关系："我们的任务是过河，但是没有桥或没

---

[1] 《马克思恩格斯文集》第一卷，人民出版社2009年版，第17页。

[2] 《马克思恩格斯文集》第一卷，人民出版社2009年版，第18页。

[3] 《马克思恩格斯全集》第一卷，人民出版社1956年版，第121页。

[4] 《列宁选集》第二卷，人民出版社2012年版，第311页。

[5] 《毛泽东选集》第一卷，人民出版社1991年版，第212页。

有船就不能过。不解决桥或船的问题，过河就是一句空话。"[1] 借助"桥"和"船"才能过河，借助宇宙飞船才能翱翔太空，借助"蛟龙"号才能探索深海世界，借助"天眼"才能观察宇宙。马克思主义的"借助"理论也给我们提供了启示，"草船借箭""巧借东风""借梯登高""借船出海"都说明我们人类的认知能力和实践能力是有限的，谁也不能无所不包、无所不能，借助科学方能攀登高峰，借助工具才能进行改造自然的伟大斗争，借助马克思主义才能使社会主义和共产主义由幻想成为现实。无论是改造客观世界还是主观世界，没有万事不求人，借助才能战胜困难，达到目的。

规律——

　　要坚持和运用辩证唯物主义和历史唯物主义的世界观和方法论，坚持和运用马克思主义立场、观点、方法，坚持和运用马克思主义关于世界的物质性及其发展规律，关于人类社会发展的自然性、历史性及其相关规律，关于人的解放和自由全面发展的规律，关于认识的本质及其发展规律等原理，坚持和运用马克思主义的实践观、群众观、阶级观、发展观、矛盾观，真正把马克思主义这个看家本领学精悟透用好。

　　——习近平《在纪念马克思诞辰200周年大会上的讲话》

---

[1]《毛泽东选集》第一卷，人民出版社1991年版，第139页。

对立统一规律

对立统一规律亦称矛盾规律，也是对立面的统一和斗争的规律。无论什么领域、任何事物以及事物内部和事物之间都包含着矛盾，而矛盾双方的统一与斗争推动着事物的运动、变化和发展。对立统一规律的基本内涵可大致概括为：矛盾的同一性与斗争性；矛盾的普遍性与特殊性；矛盾的不平衡性，即主要矛盾与次要矛盾，矛盾的主要方面与次要方面。

对立统一规律是唯物辩证法的根本规律，是认识世界和改造世界的根本方法。

人类社会发展规律

是人民创造历史还是神创造历史，几千年来一直纠缠不清。马克思主义指出历史是各个朝代的依次更替，生产方式的运动推动着人类社会向前发展。从原始社会到奴隶社会，从封建社会、资本主义社会到社会主义社会和共产主义社会，马克思揭示了人类社会发展的规律，也为人类解放指明了方向。"神创造历史""人类社会是神的意志"，这些荒谬的神学被马克思主义的历史唯物主义驱散了。

马克思主义关于人类社会发展规律的思想内涵丰富，博大精深，主要包括生产力与生产关系矛盾运动的规律、经济基础与上层建筑矛盾运动的规律和社会形态更替规律。

用人类社会发展规律观察和展望资本主义社会及其发展，马克思主义得出了资本主义必然灭亡和社会主义必然胜利、社会主义是人类社会发展的必然趋势这一石破天惊的科学结论。

剩余价值规律

从资本的本性看，资本主义生产的唯一目的就是为了追求剩余价值，没有剩余价值的地方也就不会有资本主义的生产。所以，剩余价值规律是资本主义的基本经济规律，正如马克思所指出的："生产剩余价值或赚钱，是这个生产方式的绝对规律。"[1]

马克思在《雇佣劳动与资本》中这样说："这是一个规律，这个规律一次又一次地把资产阶级的生产甩出原先的轨道，并迫使资本加强劳动的生产力，因为它以前就加强过劳动的生产力；这个规律不让资本有片刻的停息，老是在它耳边催促说：前进！前进！"[2]

剩余价值规律告诉我们，资本主义生产社会化和生产资料私人占有之间的矛盾是不可避免的，它必然引起资本主义的崩溃。

生产方式矛盾运动规律

该规律的基本内涵是，生产力和生产关系的相互作用构成生产方式的矛盾运动，这种矛盾运动是一个循环往复的前进运动过程。在新的生产关系建立起来以后的一定时期内，生产关系的性质同生产力的发展要求基本上是相适合的，这时生产关系对生产力的发展具有积极的推动作用，生产关系和生产力之间虽然也有矛盾，但不具有对抗性质。当发展到一定程度，原来适合于生产力发展要求的生产关系，就逐渐变成不适合新的生产力发展的要求了，矛盾就日益激化起来，其

---

[1]《马克思恩格斯全集》第二十三卷，人民出版社1972年版，第679页。

[2]《马克思恩格斯全集》第六卷，人民出版社1961年版，第501页。

性质也由非对抗转化为对抗，这时就必然要提出根本变革旧的生产关系的要求，于是就进入到根本改变生产关系性质的阶段。在生产关系的根本变革实现以后，生产关系同生产力的不适合又转化为适合，从而又在新的基础上开始了生产力和生产关系之间的矛盾运动。

生产力和生产关系的矛盾运动表明，生产关系一定要适合生产力状况的规律，是人类社会发展的根本的普遍的规律。这个规律揭示了社会历史发展的根本原因和基本趋向，揭示了生产力在生产方式矛盾运动中的始终决定作用，从而也揭示了生产力是推动整个社会存在和发展的最终决定力量。

经济基础与上层建筑矛盾运动的规律

经济基础是指由社会一定发展阶段的生产力所决定的生产关系的总和，其实质是社会一定发展阶段上的基本经济制度。上层建筑是指建立在一定经济基础上的社会意识形态以及与之相适应的政治法律制度和设施等的总和。经济基础决定上层建筑，上层建筑反作用于经济基础。

揭示——

《共产党宣言》深刻揭示了奴隶社会以来的历史都是阶级斗争的历史；揭示了生产力决定生产关系，经济基础决定上层建筑，生产力和生产关系、经济基础和上层建筑的矛盾运动推动社会形态依次更替的人类社会发展一般规律；揭示了资本主义生产社会化和生产资料私人占有之间的矛盾；揭示了资本主义必然灭亡和共产主义必然胜利的历史规律。

——习近平《学习马克思主义基本理论是共产党人的必修课》

在资本主义社会，资本家剥削工人的秘密隐藏于"等价交换"之中，人与人的关系隐藏于物与物的关系之中，人类的历史隐藏在宗教神学之中。马克思主义就是通过现象揭示本质，揭示人类社会发展的规律。如同自然科学的任务是揭示自然科学的秘密一样，马克思主义揭示的就是透过现象发现事物的本质，就是发现事物的规律，就是对真理的不断发掘，不断开辟认识真理的道路。"揭示"在马克思主义的经典著作中屡见不鲜。

揭示了一切事物运动变化的规律。马克思、恩格斯通过19世纪的三大发现，尤其达尔文的进化论，进一步揭示出一切事物都是运动、变化的规律。世界上没有什么永恒不变的，一切现存的注定都要消亡的。资本主义社会也并非像资产阶级理论家所鼓吹的那样是永恒不变的，它必将随着人类社会的发展而成为历史。

揭示了奴隶社会以来的历史都是阶级斗争的历史。马克思在扑朔迷离的历史中发现了阶级斗争的脉络，认为阶级斗争是社会发展的历史动力。他指出："将近40年来，我们一贯强调阶级斗争，认为它是历史的直接动力，特别是一贯强调资产阶级和无产阶级之间的阶级斗争，认为它是现代社会变革的巨大杠杆。"[1]

揭示了社会发展的一般规律。马克思揭示了人类社会的一切冲突源于生产方式的冲突，生产方式的变革运动推动着人类社会的发展，因此生产力决定生产关系、经济基础决定上层建筑、物质决定精神、存在决定意识。将神创造历史的宗教神学驱赶出去，从而奠定了历史

---

[1]《马克思恩格斯选集》第三卷，人民出版社1995年版，第685页。

唯物主义的基石。

揭示了资本主义生产社会化和生产资料私人占有之间的矛盾，进而论证资本主义制度的暂时性。马克思指出："生产资料的集中和劳动的社会化，达到了同它们的资本主义外壳不能相容的地步。这个外壳就要炸毁了。资本主义私有制的丧钟就要响了。剥夺者就要被剥夺了。"[1]

揭示了资本主义必然灭亡和共产主义必然胜利的历史规律。马克思通过分析资本主义社会不可避免的社会矛盾，发现推翻资本主义制度的物质力量，即无产阶级，阐明"共产主义不是学说，而是运动"[2]，正如恩格斯说："社会主义现在已经不再被看做某个天才头脑的偶然发现，而被看做两个历史地产生的阶级无产阶级和资产阶级间斗争的必然产物。"[3] 从而揭示了资本主义必然被社会主义和共产主义代替的客观规律，使社会主义从空想成为科学，为人类解放指明了道路。

"千淘万漉虽辛苦，吹尽狂沙始到金。"马克思说："如果事物的表现形式和事物的本质会直接合而为一，一切科学就都成为多余的了。"[4] 揭示就是发现，揭示的过程就是发现真理的过程，马克思主义就是揭示真理的理论。马克思主义通过揭示真理不断开辟认识真理的道路，无论社会发生怎样的变化，马克思主义所揭示的真理不会过时。

[1]《马克思恩格斯全集》第二十三卷，人民出版社1972年版，第831—832页。

[2]《马克思恩格斯全集》第四卷，人民出版社1958年版，第311页。

[3]《马克思恩格斯全集》第十九卷，人民出版社1963年版，第226页.

[4]《马克思恩格斯文集》第七卷，人民出版社2009年版，第925页。

胚胎——

在资产阶级社会的胎胞里发展的生产力，同时又创造着解决这种对抗的物质条件。[1]

——马克思《〈政治经济学批判〉序言》

胚胎是生命的摇篮，马克思在著作中多次提到"胚胎"或者"胎胞"一词，揭示出胚胎是一个对立统一体，胚胎在孕育新生命的同时，又孕育着它的反面。

胚胎理论来源于生物学。恩格斯在《反杜林论》中指出："而由于每一个胚胎都力争发育成长，所以就必然产生生存斗争，这种斗争不仅表现为直接的肉体搏斗或吞噬，而且甚至在植物中还表现为争取空间和日光的斗争。……物种就这样通过自然选择、通过适者生存而发生变化。"[2]胚胎生长的过程就是扬弃的过程，鸡蛋是孕育鸡的胚胎，当鸡蛋孵化出小鸡时，鸡蛋就是被扬弃的空壳。

马克思以极其敏锐的目光剖析资本主义社会这一胚胎指出，资本就是一个矛盾体，它在生长的同时就背负着自己的"对立物"——无产阶级，就孕育着它的对立面。在资本的胚胎中就孕育着革命的因素，发达的资本主义孕育着公有制的生产关系。

在旧事物的胚胎中孕育着新生的事物。在变化的自然界中孕育着

---

[1]《马克思恩格斯全集》第十三卷，人民出版社1962年版，第9页。

[2]《马克思恩格斯全集》第二十卷，人民出版社1971年版，第74—75页。

唯物辩证法，在科学技术中孕育着变革和革命的力量，同样在暴力革命的胚胎中孕育着新社会的诞生。正如马克思所说："暴力是每一个孕育着新社会的旧社会的助产婆。暴力本身就是一种经济力。"[1]对立统一规律就存在于胚胎之中。

胚胎理论告诉我们，每一事物都包含着自己的对立面，胚胎就是一个对立物，胚胎在生长的同时，也在产生着死亡。胚胎理论告诉我们，新生必然战胜腐朽，万物皆有兴衰，共产主义的因素也在我们身边孕育着、积累着、成长着，每时每刻我们都能感受到这种新的力量。新的生命必将战胜腐朽，弱小者必然战胜强大，这是事物的发展规律。

完备——

马克思学说具有无限力量，就是因为它正确。它完备而严密，它给人们提供了决不同于任何迷信、任何反动势力、任何为资产阶级压迫所作的辩护相妥协的完整的世界观。马克思学说是人类在19世纪所创造的优秀成果——德国的哲学、英国的政治经济学和法国的社会主义的当然继承者。[2]

——列宁《马克思主义的三个来源和三个组成部分》

马克思的历史唯物主义是科学思想中的最大成果。过去在历史观

---

[1]《马克思恩格斯全集》第四十四卷，人民出版社2001年版，第861页。

[2]《列宁选集》第二卷，人民出版社2012年版，第309—310页。

和政治观方面占支配地位的那种混乱和随意性，被一种极其完整严密的科学理论所代替，这种科学理论说明，由于生产力的发展，任何从一种社会生活结构中必然发展出另一种更高级的结构。

马克思主义是由马克思主义哲学、政治经济学、科学社会主义组成的。这三个部分并不是割裂的，而是相互渗透、相互依存的。

马克思主义哲学是关于自然、社会和思维发展一般规律的科学，是唯物主义和辩证法的统一、唯物主义自然观和历史观的统一，为人们观察世界提供了科学的认识论和方法论，是无产阶级和其他劳动人民认识世界和改造世界的强大思想武器。马克思主义哲学即辩证唯物主义和历史唯物主义能够让人们深刻理解和把握人类社会的发展规律，是政治经济学和科学社会主义的基础。马克思的敌人曾说，想驳倒辩证法很难。

政治经济学用马克思主义哲学分析资本主义生产方式，揭示了剩余价值的巨大秘密，揭示了资本和劳动的矛盾是两个阶级对抗最深刻的根源，进而揭示出社会主义必然代替资本主义的客观规律，为科学社会主义奠定了政治和经济基础。

马克思主义科学社会主义是关于无产阶级革命和人类解放的学说，它具有鲜明的实践性，它批判地继承了空想社会主义理论，实现了革命性和科学性的统一，指明了无产阶级解放的道路，使社会主义和共产主义从空想成为科学，它是马克思主义理论体系的核心。

马克思主义之所以驳不倒，就在于它是一块整钢，它的哲学、政治经济学和科学社会主义相互联系、相互支撑，成为完备严密的科学体系，占领了真理和道义的制高点，其地位不可撼动。如《资本论》不仅是马克思主义政治经济学的著作，也是哲学和科学社会主义的著作，正因为如此马克思主义永远闪烁着真理光芒。

运动——

> 运动是物质的存在方式。无论何时何地，都没有也不可能有没有运动的物质。[1]
>
> ——恩格斯《反杜林论》

马克思用"运动"一词说明人类社会和一切事物发展的客观规律。

马克思的辩证唯物主义告诉我们，一切都是运动，一切都在变化，一切都是过程。宇宙在运动，大自然在运动，我们脚下的地球也在运动，并不是坚如磐石、固若金汤，马克思主义的基本原理也存在于我们的日常生活之中。《易经》中的核心就是一个"变"字，一切都在变。

进入20世纪，法国地质学家用现代科学证明，世界的一切是运动的、变化的，不是永恒不变的，没有一种物质能坚如磐石、稳如泰山，因为地球内部的运动变化一刻也没有停止过，我们脚下的大地从来就没有安稳过。从大陆漂移到板块运动，从海底扩张到沧海桑田，从板块碰撞到板块俯冲，从地球皱褶到火山爆发，从海底运动到海啸突发，大自然每时每刻都处在不停的运动之中。沧海桑田，斗转星移，无论是喜马拉雅山脉还是北美的科罗拉多大峡谷，无论是尼罗河、长江、黄河还是太平洋，都是大自然运动的结果。

运动理论揭示社会发展的客观规律，马克思运用运动原理考察资本主义生产方式，说明资本主义的暂时性，社会主义和共产主义代替

---

[1]《马克思恩格斯全集》第二十卷，人民出版社1971年版，第65页。

资本主义的必然性。马克思指出："共产主义不是学说，而是运动。它不是从原则出发，而是从事实出发。"[1]马克思主义运动理论挑战了资本主义制度是永恒的观念，为革命开辟了正确的道路，运动理论宣告了资本主义不是永恒的，而必然会被社会主义和共产主义所代替。

科学史表明，"辩证方法是真正科学的方法；从天文学直到社会学，到处都证实着这种思想：世界上没有什么永恒的东西，一切都在变化，一切都在发展。因而对于自然界的一切都应该从运动和发展的观点去观察。而这就是说，辩证法的精神贯穿着全部现代科学。"[2]

变化和运动是马克思唯物辩证法的灵魂，一切都在运动和变化中，宇宙的任何生命都处在这样一个过程，一切事物都是变化运动的，都处于生长、强盛到消亡的过程，有生者必有死，有死者必有终，谈笑之间灰飞烟灭，无论大自然还是人类社会，都没有什么永恒不变的。奴隶世世代代都是奴隶，贵族世世代代都是贵族，这只能是统治阶级骗人的鬼话。变化理论使人类的认识告别了形而上学僵化的思维模式，马克思主义运动和变化的理论一开始就给形而上学当头一棒，天不变道也不变宣告破产。

"变"使一切事物都成为从开始到发展到消亡的过程。纵观人类社会，大浪淘沙、潮起潮落，"萧瑟秋风今又是，换了人间""雕栏玉砌应犹在，只是朱颜改""离离原上草，一岁一枯荣""人生如梦，转眼就是百年""枯树发芽，铁树开花""没有永久的朋友，也没有永久的敌人"，这些都蕴含着一个"变"字。在运动和变化面前没有"永恒"，没有"海誓山盟"，没有"铁打的江山"。"坐地日行八万里"，说明"变"的速度之快。"树欲静而风不止"，说明"变"在每时每刻。"沧海变桑田"，说明"变"给自然界带来的巨变。毛

---

[1]《马克思恩格斯全集》第四卷，人民出版社1958年版，第311页。

[2]《斯大林全集》第一卷，人民出版社1953年版，第273页。

泽东说"太阳每天都是新的",说明"变"的不可抗拒。人一出生就走向衰老和死亡,这种运动和变化的规律不可改变,长生不老只是一个梦想。秦始皇不懂得辩证法,他自称始皇帝,意思就是从他开始皇帝永世传承。过去的帝王将相也不懂得辩证法,总希望长生不老,炼丹长寿,结果反而误了卿卿性命。

方法——

　　马克思的整个世界观不是教义,而是方法。它提供的不是现成的教条,而是进一步研究的出发点和供这种研究使用的方法。[1]

　　　　　　——恩格斯《致威·桑巴特》(1895年3月11日)

　　"庖丁解牛"强调的是方法。马克思主义的方法论和世界观是一致的,方法论也是实事求是论。马克思主义的方法就是与马克思主义世界观相统一的方法论,方法论对于人类认识世界和改造世界具有重要意义。

　　列宁指出:"马克思主义者从马克思的理论中,无疑地只是借用了宝贵的方法。"[2] 马克思主义的方法主要体现在以下几点:

---

[1]《马克思恩格斯全集》第三十九卷,人民出版社1974年版,第406页。

[2]《列宁专题文集·论马克思主义》,人民出版社2009年版,第300页。

辩证的方法

方法论也是对立统一论。运用唯物辩证法的矛盾分析方法。对立统一规律是宇宙间的根本规律，对立统一观点是辩证法的根本观点，矛盾分析方法是唯物辩证法的精髓方法。马克思运用对立统一观点观察资本主义社会，采取矛盾分析方法，从劳动二重性的内在矛盾分析入手，揭示了私有制条件下商品生产的基本矛盾——私人劳动与社会劳动的矛盾，从而揭示出资本主义不可克服的内在矛盾，认识到资本主义在周期性的经济危机中不断地走向自己的反面。正是基于对历史必然性的矛盾分析，马克思得出结论，资本主义作为一种社会形态是一定要灭亡的，共产主义作为代替它的一种新的社会形态，必然要取代资本主义，这是不可避免的历史趋势。

在分析资本主义大工业发展带来的两重性时，马克思既看到了大工业对社会生产力的发展，又看到工业的发展必然加剧资本主义生产方式固有的矛盾，使生产资料私有制和生产社会化的矛盾更加剧烈，势必加速资本主义制度的崩溃。

在对待人与自然的关系方面，马克思既强调人对自然的能动性开发和利用，又指出对自然界的过度开发必将遭到自然界的报复，从而阐明了人与自然和谐发展的规律。

实践的方法

方法论也是实践论。坚持实践的方法就是坚持实践是检验真理的标准，维护实践的权威，不唯上、不唯书、只唯实，让实践说了算。

实践是发展的实践，坚持实践就要坚持与时俱进。随着时间的推移和时代的前进，客观实际发生了变化，我们的认识要随着变化的实际不断变化，使主观更好地符合客观，使认识更好地符合于实践。

马克思主义是发展变化的理论，"昨天的理论"不是马克思主义，只是本本主义。因此，我们要用活生生的马克思主义指导革命实践，同时又要在实践中推进马克思主义与时俱进。

实事求是、群众路线的工作方法

实事求是集中体现了马克思主义唯物辩证的认识论，是我们党始终坚持的根本思想方法。学习和掌握马克思主义方法，必须学习和掌握实事求是的思想方法。解放思想和实事求是是对立的统一，解放思想是实事求是的内在要求。只有解放思想，不断研究新情况、解决新问题，把思想认识从各种不合时宜的观念、做法和体制的束缚中解放出来，才能使我们正确地把握不断发展变化着的客观实际，才能使我们的思想认识符合客观实际，才能做到实事求是；只有实事求是才能更好地解放思想，坚持真理、纠正错误。

第五部分
资本是一种生产关系

资本不是物，而是一种生产关系。马克思通过对资本主义社会运行规律的研究，通过劳动异化的分析，揭示出资本和雇佣劳动的矛盾是无产阶级和资产阶级对立最深刻的根源，发现了剩余价值这个注定资本主义必然灭亡的"炸雷"。在私有制条件下，穷人的劳动是资产阶级财富的源泉，劳动给资本家带来的是财富，给工人带来的是贫困，资本主义生产方式和生产关系不能并驾齐驱，这种固有的矛盾必然引起社会变革和革命，社会历史发展的规律注定了资产阶级的灭亡和无产阶级的胜利是不可避免的。

资本——

资本不是物，而是一定的、社会的、属于一定历史社会形态的生产关系，它体现在一个物上，并赋予这个物以特有的社会性质。[1]

——马克思《资本论》

"资本，capital κεáφλεroν〔基本的东西〕一词翻译过来的——用来表示不同于利息的债款。在中世纪，资本，caput pecuniae，是表示某种基本的、本质的、原来的东西。德语用的是Hauptgeld〔本钱〕一词。"[2]资本具有多重意义。在马克思主义中，资本包含以下几种含义：

资本是一种生产关系

资本不是物，它是积累起来的劳动，是剥削雇佣劳动的财产，是一种生产关系，是在资本主义社会占主导地位的生产关系，支配并统治着其他一切生产关系，决定着资本主义内在矛盾发生、发展的全部过程，从而决定了资本主义的产生、发展和灭亡。"资本是资产阶级社会的支配一切的经济权力。"[3]资本有很多表现形态，如机器、设备、厂房、原材料等不变资本和劳动力等可变资本。

在资产阶级经济学家那里，资本被看作是单纯的物，资本的增殖被理解为自然现象。马克思为了批驳资产阶级经济学家的错误见解，在《政治经济学批判（1857—1858年手稿）》中指出："资本显然是

---

[1]《马克思恩格斯全集》第二十五卷，人民出版社1974年版，第920页。

[2]《马克思恩格斯全集》第十九卷，人民出版社1963年版，第398—399页。

[3]《马克思恩格斯文集》第八卷，北京人民出版社2009年版，第31—32页。

关系，而且只能是生产关系"。[1] 由于这种生产关系产生于社会生产活动，因而它又是社会关系的体现。马克思把资本理解为生产关系、社会关系，他就将资本理所当然地看作一种社会历史现象，就有着终结的时间节点，它就是一个过程。透过资本"物"的现象，马克思敏锐地洞察到资本所导致的社会矛盾的尖锐化，预见到资本走向灭亡的趋势。

资本是人和人的关系

资本的本质不是物，而是一种以物为中介的人和人之间的社会关系，是在物的外壳掩盖下的人与人的关系。马克思指出，"资本就是就是人和人的关系。"

在资本主义社会中，资本家相对应的是资本，雇佣工人相对应的是劳动力，资本家占有生产资料、生产工具、厂房等，雇佣工人却被剥夺生产资料。因此，雇佣工人只能是资本的附庸，完全听命于资本家。资本只有借助社会关系才能获取剩余价值，资本体现的是资本家对工人的剥削。资本造成的劳动异化和两极分化，也体现了资本主义私有制下人与人之间的关系是生产与剥削的关系。

资本是能够带来剩余价值的价值

资本是能够带来剩余价值的价值。正如马克思所说："生产资料和生活资料，作为直接生产者的财产，不是资本。它们只有在同时还充当剥削和统治工人的手段的条件下，才成为资本。"[2] "纺纱机是纺棉花的机器。只有在一定的关系下，它才成为资本。"[1]

资本的最初表现是货币，所以马克思把货币看作是"资本的最初的表现形式"。马克思将作为流通媒介的货币和作为资本的货币进行了区分，"资金只有当它给自己的所有者带来收入或利润的时候，才叫做资本"[2]。从这个意义上看，资本的本性是能够带来剩余价值的价值。

马克思通过分析从货币到资本的转化过程揭示出资本的本质。货币就其本来意义而言并不是资本，只有当它带来剩余价值时才转化为资本。由货币到资本的转化过程可以看出，资本是能够带来剩余价值的价值，它体现了资本家和雇佣工人之间剥削和被剥削的阶级关系。

让资本为当今社会服务

要正确认识资本。马克思指出："资本的文明面之一是，它榨取这种剩余劳动的方式和条件，同以前的奴隶制、农奴制等形式相比，都更有利于生产力的发展，有利于社会关系的发展，有利于更高级的新形态的各种要素的创造。"[3]资本在当时不仅调动了资本家的积极性，也在一定范围和程度上调动了劳动者的积极性。将分散的小生产、小农经济集中起来，把分散的生产资料集中起来转变为以货币为表现形式的社会投资，从而向着现代产业经济迈进，这是历史的进步，也是资本的作用。

马克思反对资本主义，但没有简单地反对"资本"。资本在不同时代有不同的含义，资本不等于资本主义，发展资本市场，发展私有

---

[1]《马克思恩格斯选集》第一卷，人民出版社2012年版，第340页。

[2]《马克思恩格斯文集》第一卷，人民出版社2009年版，130页。

[3]《资本论》第三卷，人民出版社2004年版，第925—926页。

经济，并不等于发展资本主义。在社会主义时代，资本有了新的含义，资本就是本钱，就是对信用的经营。我国正处于经济发展的关键时期，社会主义同样要有强大的资本，资本作为经济发展中的重要要素对社会经济的发展起着至关重要的作用。市场经济就是要激活资本、搞活资本、玩活资本魔方，让资本为社会服务，为人类服务。

首先，发展社会主义市场经济既要合理利用资本主义成分刺激经济发展，更要充分保护社会主义劳动者的合法权益，尽量削弱资本主义生产方式给劳动者带来的身心压迫，通过健全劳动法律法规，保护劳动者的权益，达到经济增长与人民生活水平提高之间的平衡和良性发展。

其次，要处理好市场经济条件下劳动、资本、政府三者之间的关系。社会主义国家也要结合自身情况吸收资本主义的合理成分，充分实现资本与劳动在创造社会财富过程中的结合，使社会财富的分配更加公平、社会关系更加平等、生产力发展更加充满活力，使资金和资本的利用更加合理而有效率。

最后，在充分利用资本的同时，也要防止资本异化，防止资本无序扩张、野蛮生长，防止资本对权力和政治的渗透，防止官商勾结、钱权交易，防止资本凌驾于权力之上。中国需要资本，但不能有资本主义。这需要共产党人坚定立场，坚定全心全意为人民服务的信念，坚守共产党人的初心。

习近平总书记在2021年中央经济工作会议上指出，要正确认识和把握资本的特性和行为规律。社会主义市场经济是一个伟大创造，社会主义市场经济中必然会有各种形态的资本，要发挥资本作为生产要素的积极作用。要为资本设置"红绿灯"，依法加强对资本的有效监管，防止资本野蛮生长。要支持和引导资本规范、健康发展，坚持和完善社会主义基本经济制度，毫不动摇巩固和发展公有制经济，毫不动摇鼓励、支持、引导非公有制经济发展。

剩余价值——

马克思还发现了现代资本主义生产方式和它所产生的资产阶级社会的特殊的运动规律。由于剩余价值的发现，这里就豁然开朗了，而先前无论资产阶级经济学家或者社会主义批评家所做的一切研究都只是在黑暗中摸索。[1]

——恩格斯《在马克思墓前的讲话》

剩余价值是贯穿资本主义生产方式整个过程中的一条线索，剩余价值的生产就是资本不断的循环运动。

剩余价值无非是由雇佣工人剩余劳动创造的并被资本家无偿占有的价值。资产阶级是靠他人无偿劳动发财致富的，资产阶级标榜的正义、公道、权利平等、义务平等都成为骗人的鬼话。

剩余价值深刻地揭示了资本剥削劳动的秘密

关于剩余价值的来源，资产阶级的经济学家千方百计用工资和利润掩盖资本家的剥削，认为"剩余价值就是利润"，是"资本节省的结果"，是"资本家管理的报酬"。剩余价值揭示了资本和雇佣劳动之间的关系，马克思通过剩余价值揭开了剥削的面纱：雇佣工人拿到的不是他的劳动所产生的全部价值量，他必须把一部分价值交给资本家。在此之前，工人们认为是资本家养活了工人，利润掩盖了剩余价

---

[1]《马克思恩格斯文集》第三卷，人民出版社2009年版，第601页。

值。剩余价值学说揭露了资本的本质，同时也就揭露了资产阶级的本质。所谓资本家不过是人格化的资本，资本的本性就是资本家的本性。

恩格斯在《卡尔·马克思》一文中高度评价马克思的第二个发现，"马克思的第二个重要发现，就是彻底弄清了资本和劳动的关系，换句话说，就是揭露了在现代社会内，在现存资本主义生产方式下资本家对工人的剥削是怎样进行的。……现代科学社会主义就是建立在这两个重要根据之上的"[1]。

剩余价值揭示了资本主义制度所固有的、自身无法解决的矛盾，进而阐明了资本主义发生、发展到最后必然被更高级的社会形态——社会主义直至共产主义所取代的不可抗拒的历史趋势。

灵丹一粒，点铁成金。剩余价值揭示了无产阶级与资产阶级对立的最深刻的经济根源。同时，也指出了人民解放的道路：无产阶级必须反抗斗争，从根本上推翻资本主义制度才能使自己获得解放。

剩余价值学说是马克思主义经济理论的基石

剩余价值理论主要包括剩余价值的起源和本质、剩余价值的生产和分配或转化等理论。

马克思在自己的科学劳动价值论的基础上创立了剩余价值学说，并且以这一学说为武器彻底批判了资产阶级经济学，解释了资本主义经济运动的规律，建立了以剩余价值理论为中心的政治经济学的完整体系，实现了政治经济学史上的伟大革命，从此反映无产阶级根本利益的马克思主义政治经济学诞生了。列宁说："剩余价值学说是马克

---

[1]《马克思恩格斯全集》第十九卷，人民出版社1963年版，第124—125页。

思经济理论的基石。"[1] 剩余价值学说是打开马克思主义政治经济学理论宝库的一把钥匙。

过去的一切经济学家始终没有把剩余价值当作一个独立的阶级范畴确定下来，没有科学地揭示资本和雇佣劳动之间的关系。而马克思的唯物史观研究了资本主义生产的全部事实，批判地考察了以往经济学的全部研究范畴，第一次把剩余价值作为一个独立的科学范畴确立下来。

马克思创建了唯物史观和剩余价值学说，揭示了人类社会发展的一般规律，揭示了资本主义运行的特殊规律，为人类指明了从必然王国向自由王国飞跃的途径，为人民指明了实现自由和解放的道路。

锁链——

就在于形成一个被彻底的锁链束缚着的阶级……就是无产阶级。[2]

——马克思《〈黑格尔法哲学批判〉导言》

在《共产党宣言》的结尾，有一句振聋发聩的话一直流传至今，那就是："无产者在这个革命中失去的只是自己头上的锁链。他们获得的将是整个世界。"[3]

无产阶级是被彻底的锁链锁住的阶级。

---

[1]《列宁选集》第二卷，人民出版社2012年版，第312页。

[2]《马克思恩格斯全集》第一卷，人民出版社1956年版，第466页。

[3]《马克思恩格斯文集》第二卷，人民出版社2009年版，第66页

如何实现人类解放、用什么力量实现人类解放？有哪一个阶级能担任这个伟大历史任务呢？马克思、恩格斯说："无产阶级，现今社会的最下层，如果不炸毁构成官方社会的整个上层，就不能抬起头来，挺起胸来。"[1] 马克思发现了无产阶级，并使无产阶级意识到自己的使命。

无产者是一个什么阶级，是一个被彻底的锁链捆绑的阶级，只有他们感到是被奴役的人。解放人类社会这是无产者的使命，当一些资产阶级把无产阶级视为"群氓""只会生孩子的阶级""没有教养的阶级"，马克思却让无产阶级肩负起改变旧世界的使命，因为无产阶级最坚决，本身没有可以保护的东西，只有这样的一个阶级才能肩负起这样的重任。

19世纪三次大罢工都沉重地打击了资产阶级，他们炸毁机器、烧毁账本，并没有推翻旧的社会制度。工人阶级只有联合起来，才能彻底砸碎束缚自己的锁链而获得整个世界。

当然，无产阶级要获得世界，就必须提升自己的素质，去掉自身肮脏的东西，在改造客观世界的同时改造主观世界，只有斗争反抗才能推翻旧的世界，才能做国家的主人、社会的主人、自己的主人。

贪欲——

最卑下的利益——庸俗的贪欲、粗暴的情欲、卑下的物欲、对公共财产的自私自利的掠夺——揭开了新的、文明的阶级社会；最卑鄙的手段——偷窃、暴力、欺诈、背信——

---

[1]《马克思恩格斯文集》第二卷，人民出版社2009年版，第42页。

毁坏了古老的没有阶级的氏族制度，把它引向崩溃。[1]

——恩格斯《家庭、私有制和国家的起源》

贪欲是资本的本性，江山易改本性难移。作为资本贪欲与它相伴相随，没有贪欲就没有资本，也是罪恶之源。资本的贪欲驱使资本家无止境地追求利润攫取财富，从而形成对工人阶级的残酷剥削和压迫，剩余价值就是贪欲的表现形式。

马克思把贪欲与资本联系在一起，资本的原始积累是"对直接生产者的剥夺，是用最残酷无情的野蛮手段，在最下流、最龌龊、最卑鄙和最可恶的贪欲的驱使下完成的"[2]。

马克思在形容资本的贪婪时，曾用了三个方面的比喻："'只要还有一块肉、一根筋、一滴血可供榨取'，吸血鬼就决不罢休。"[3]

"他们尽心竭力地叫人们知道，一切商品，从而一切商品生产者，都应该毕恭毕敬地匍匐在货币面前。"[4]

"资本家小心翼翼地注视着这一点，正如他小心翼翼地注视着不让有一分钟不劳动而白白浪费掉一样。"[5]

"这是一个规律，这个规律一次又一次地把资产阶级的生产甩出原先的轨道，并迫使资本加强劳动的生产力，因为它以前就加强过劳动的生产力；这个规律不让资本有片刻的停息，老是在它耳边催促说：

---

[1]《马克思恩格斯选集》第四卷，人民出版社1972年版，第94页。

[2]《资本论》第一卷，人民出版社2004年版，第873页。

[3]《马克思恩格斯全集》第二十三卷，人民出版社1972年版，第334—335页。

[4]《马克思恩格斯文集》第四卷，人民出版社2009年版，第186页。

[5]《资本论》第一卷，人民出版社2004年版，第228页。

前进！前进！"[1]

马克思早已论证，无限制追求剩余价值的贪婪是资本生产和积累的动力，只要资本主义生产方式不改变，资本的人格贪婪无度总会以各种顽强持久的方式表达出来。但是，资产阶级的学者为资本的贪婪大唱赞歌，如电影《华尔街》盖葛的话：贪婪，抱歉我找不到更好的词，贪婪是好的，贪婪是对的，贪婪是有用的，贪婪是可以清理一切的。贪婪是不断进化和进步的精华所在，贪婪是一切形式所在，贪婪就是人们的动力。这完全是资产阶级的意识形态。

马克思在《资本论》中指出："资本发展成为一种强制关系，迫使工人阶级超出自身生活需要的狭隘范围而从事更多的劳动。作为他人辛勤劳动的制造者，作为剩余劳动的榨取者和劳动力的剥削者，资本在精力、贪婪和效率方面，远远超过了以往一切以直接强制劳动为基础的生产制度。"[2]

贪欲可以使资本为所欲为，正如马克思所指出的那样："资本逃避动乱和纷争，它的本性是胆怯的。这是真的，但还不是全部真理。资本害怕没有利润或利润太少，就象自然界害怕真空一样。一旦有适当的利润，资本就胆大起来。如果有10%的利润，它就保证到处被使用；有20%的利润，它就活跃起来；有50%的利润，它就铤而走险；为了100%的利润，它就敢践踏一切人间法律；有300%的利润，它就敢犯任何罪行，甚至冒绞首的危险。如果动乱和纷争能带来利润，它就会鼓励动乱和纷争。"[3]

人心不足蛇吞象。无止境的贪欲必然使资本和劳动的矛盾愈加冲突，贪欲也必然把资产阶级引向灭亡。

[1]《马克思恩格斯全集》第六卷，人民出版社1961年版，第501页。

[2]《资本论》第一卷，人民出版社2004年版，第359页。

[3]《马克思恩格斯全集》第二十三卷，人民出版社1972年版，第829页。

利益——

> 人们奋斗所争取的一切，都同他们的利益有关。[1]
> ——马克思《第六届莱茵省议会的辩论（第一篇论文）》

利益是历史活动的动力。"天下熙熙攘攘，皆为利来皆为利往。"马克思主义科学地揭示了金钱的本质和历史作用，指明在存在阶级利益对抗的社会，人类普遍利益唯一可能的现实形式是革命阶级的阶级利益，任何一个试图领导革命的阶级，其阶级利益必然这样那样地和人类的现实普遍利益相吻合。

金钱作为物质财富，是人类创造的，并为人类服务，人类应当是金钱的主人，而不是金钱的奴隶。人们依靠自己的劳动创造财富，获取财产。金钱无罪，而那种用剥削、掠夺欺诈的手段不劳而获，则是可耻的。金钱在促进商品交换的过程中起了重要作用，但金钱并非万能。

莎士比亚曾说："金子？黄黄的、发光的、宝贵的金子？……只这一点点儿，就可以使黑的变成白的，丑的变成美的；错的变成对的，卑贱的变成尊贵的，老人变成少年，懦夫变成勇士。"[2]

马克思充分认识到资本主义社会金钱就是力量。人与人之间的所有关系都被归结为商品货币关系，人变成了物的奴隶，金钱贵族成为资本主义社会的真正统治者。他在贫困潦倒的生活中也体会到"金钱

---

[1]《马克思恩格斯全集》第一卷，人民出版社1956年版，第82页。

[2]《马克思恩格斯文集》第一卷，人民出版社2009年版，第243页。

能使鬼推磨"。

这种利益是如此强大有力，以至顺利地"征服了马拉的笔、恐怖党的断头台、拿破仑的剑，以及教会的十字架和波旁王朝的纯血统"[1]。

马克思承认利益的巨大作用，而且还指出人类奋斗所争取的一切都和利益有关。历史唯物主义就包含着物质生产、物质利益，然而马克思又反对金钱至上、利益至上，更反对对金钱和利益不择手段的攫取。

在正确对待利益方面，马克思既指出人们奋斗所争取的一切都与利益有关，但同时又指出"既然正确理解的利益是整个道德的基础，那就必须使个别人的私人利益符合于全人类的利益"[2]。

马克思在肯定金钱对社会有巨大作用的同时，也无情地批判资本主义社会"有钱能使鬼推磨"的拜金主义，而且这种批判是与批判资本主义社会制度联系在一起的，如：资本毕恭毕敬地拜倒在金钱面前，资本除了挣钱别的什么也不想。马克思在《论犹太人问题》中对犹太人和犹太教做出了这样的评论："犹太教的世俗基础是什么呢？实际需要，自私自利。犹太人的世俗礼拜是什么呢？经商牟利。他们的世俗的神是什么呢？金钱。"[3]——换句话说，在马克思看来，犹太教的核心就是拜金主义。正如马克思所说："钱是以色列人的妒嫉之神；在他面前，一切神都要退位。金钱贬低了人所崇奉的一切神，并把一切神都变成商品。金钱是一切事物的普遍的、独立自在的价值。因此它剥夺了整个世界——人的世界和自然界——固有的价值。金钱是人的劳动和人的存在的同人相异化的本质；这种异己的本质统

[1]《马克思恩格斯全集》第二卷，人民出版社1957年版，第103页。
[2]《马克思恩格斯全集》第二卷，人民出版社1957年版，第167页。
[3]《马克思恩格斯文集》第一卷，人民出版社2009年版，第49页。

治了人，而人则向它顶礼膜拜。"[1]

财富——

自从进入文明时代以来，财富的增长是如此巨大，它的形式是如此繁多……以致这种财富对人民说来变成了一种无法控制的力量。人类的智慧在自己的创造物面前感到迷惘而不知所措了。[2]

——恩格斯《家庭、私有制和国家的起源》

马克思认为，财富是由使用价值构成的，除了劳动以外，自然界也是财富的源泉，劳动不能孤立地创造财富，只有在社会中，通过与其他要素的结合才能创造财富。"劳动是财富之父，土地是财富之母。"

追求财富既是人的本性，又是社会进步的杠杆。几千年的人类文明史既是人类追求财富，财富不断增加的历史，又是财富不断异化的历史。财富是从野蛮时代进到文明时代的力量。财富不是孤立的，而是与社会相结合的产物，它必将承担起推动历史的使命。

树立劳动财富观

马克思的财富观启示我们：君子爱财取之有道。靠劳动获取财富是唯一正确的途径，要严防金钱拜物教对政治生活的侵袭，防止把商

[1]《马克思恩格斯文集》第一卷，人民出版社2009年版，第52页。
[2]《马克思恩格斯选集》第四卷，人民出版社1972年版，第174页。

品等价交换带入政治生活。同时要正确引导财富分配走向公平合理，完善分配收入制度，堵塞不劳而获、非法牟取暴利的市场漏洞，使人们树立劳动致富的观念。

社会生产力高度发达，实现按需分配，是马克思终生为之奋斗的理想目标。在未来社会里，个人联合起来的社会生产力高度发达，创造出极大丰富的物质财富，因而能够为每个人的自由全面发展提供物质条件，为摆脱人与社会、人与自然、人与人、人与自己的类本质的对立，而为实现自由人的联合体创造物质条件。

树立以人为本的财富观

财富的背后是人，马克思指出，财富只不过是人的对象化的异化了的现实，是客体化了的异化了的现实。马克思把对财富本质的认识从"物"提高到了"人"的高度，实现了财富观的革命。

马克思主义反对以物为本的财富观。把财富的增加与人的全面发展联系起来。资本主义的财富观是以物为本的财富观，这种财富观把单纯的经济增长和物质财富的增加作为发展的根本目的。社会主义的财富观是以人为本的财富观，就是要以实现人的全面发展为目标，从人民群众的根本利益出发谋发展、促发展，不断满足人民群众日益增长的物质文化需要，切实保障人民群众的经济、政治和文化权益，让发展的成果惠及全体人民。要把财富的增加与人的发展结合起来，财富的根本目的表现为人的自由全面发展。马克思认为，在未来共产主义社会里，人的自由全面发展意味着人与人、人与社会、人与自然矛盾的真正解决，而那时人的自由全面发展本身就是财富。

平等的财富观

在《21世纪资本论》一书中有这样一组数据，最富的0.1%人群大约拥有全球财富总额的20%，最富的1%拥有总额的约50%，而最富的10%拥有总额的80%—90%。在全球财富分布图上处于下半段的一半人口所拥有的财富额绝对在全球财富总额的5%以下。这足以说明两极分化是资本主义私有制的必然结果和本质表现，资本主义制度不仅解决不了社会贫富不均，而且还会加剧两极分化。要实现人人平等消除两极分化，必须推翻私有制。作为社会主义国家，人人享有财富的平等权，由少数人先富起来而走向共同富裕，才能体现出社会主义的本质特征。

排挤——

古老的民族工业被消灭了，并且每天都还在被消灭。它们被新的工业排挤掉了，新的工业的建立已经成为一切文明民族的生命攸关的问题……过去那种地方的和民族的自给自足和闭关自守状态，被各民族的各方面的互相往来和各方面的互相依赖所代替了。[1]

——马克思、恩格斯《共产党宣言》

马克思所说的排挤并非人与人之间的相互排斥和倾轧，而是指社

---

[1]《马克思恩格斯选集》第一卷，人民出版社1972年版，第254—255页。

会关系的相互代替。马克思最为惊世骇俗的发现，看起来其实是最顺理成章的——这个发现、这个学说，可以简单地称为人类社会运动的"挤垮"理论。

机器对人的排挤

一方面机器的使用使许多工人被排挤失去了饭碗。正如恩格斯所说："今天英国发明的新机器，一年以后就会夺去中国成百上千万工人的饭碗。""……后来，随着产业革命的发展，随着挤掉手工劳动的新机器的不断发明，大工业就把工资愈压愈低，把它降低到上述的那种最低额，因而无产阶级的处境也就愈来愈不堪忍受了。"[1]

机器的改进造成人的劳动过剩。如果说机器的采用和增加意味着成百上千的手工劳动者为少数机器劳动者所排挤的话，那么，机器的改进就意味着越来越多的机器劳动者本身受到排挤。在工业开足马力时可供随意支配的劳动者，如果在经济萧条和崩溃时，这些劳动者又被抛到街头。

另一方面，机器不仅排挤工人，而且成为压榨工人的工具。随着机器代替繁重的体力劳动，又使得妇女儿童能像男劳动力一样投入劳动，这样一来，尤其又夺去了儿童欢乐的童年，这同样是一种排挤。马克思在《资本论》中指出："就机器使肌肉力成为多余的东西来说，机器成了一种使用没有肌肉力或身体发育不成熟而四肢比较灵活的工人的手段。因此，资本主义使用机器的第一个口号是妇女劳动和儿童劳动！这样一来，这种代替劳动和工人的有力手段，就立即转化为这样一种手段，它使工人家庭全体成员不分男女老少都受资本的直接统治，从而使雇佣工人人数增加。为资本家进行的强制劳动，不仅

---

[1]《马克思恩格斯选集》第一卷，人民出版社1972年版，第216页。

夺去了儿童游戏的时间，而且夺去了家庭本身惯常需要的、在家庭范围内从事的自由劳动的时间。"[1]

因此，机器使男劳动力贬值了。因此，机器从一开始，在增加人身剥削材料，即扩大资本固有的剥削领域的同时，也提高了剥削程度。在资本主义制度下，生产力的每一次发展在带来新的生产方式，带来生产力提高的同时，也带来社会矛盾的加剧。因为带给工人的依旧是贫困，工人只能成为机器的附庸，每一轮排挤之后，新一轮的矛盾又将发生，大工业仍然不能挽救资本灭亡的命运。

大工业对小工业的排挤

由于工业的发展，大生产排挤了小生产，机械化排挤了小作坊。随着工业的发展、生产工艺的改进，使生产规模不断扩大，生产效率大大提高，尤其是19世纪工业的发展，更带来了大浪淘沙般的淘汰。每一次发展都会出现排挤，都会产生出新的生产关系。

随着生产方式的变革，竞争和排挤就应运而生，如新石器排挤了旧石器，蒸汽机排挤了水磨坊，大工业排挤了小工业，人类社会就在这样的排挤和竞争中向前发展，每一次排挤都带来一次革命，每一次排挤都开辟了新的道路，生产方式带来生产力的提高。以英国为例，当英国进入工业时代时，蒸汽机已达1万多台，隆隆的机器声，汽笛的长鸣，使社会告别了旧的生产方式，迈入新的工业时代发展的道路。

---

[1]《马克思恩格斯全集》四十四卷，人民出版社2001年版，第453—454页。

资产阶级对封建阶级的排挤

恩格斯在《英国》一文中指出："当对欧洲的侵占使法国大革命遭到失败的时候，英国通过蒸汽机使社会革命化了，夺得了世界市场，愈来愈把所有那些从历史上看已经衰弱的阶级从政权中排挤出去，从而为工业资本家和工业工人之间的大决战打下基础。"[1]

《共产党宣言》中也指出："大工业建立了由美洲的发现所准备好的世界市场。世界市场使商业、航海业和陆路交通得到了巨大的发展。这种发展又反过来促进了工业的扩展，同时，随着工业、商业、航海业和铁路的扩展，资产阶级也在同一程度上发展起来，增加自己的资本，把中世纪遗留下来的一切阶级排挤到后面去。"[2]

然而，在私有制条件下，资产阶级的排挤在提高生产力的同时，并没有缓解劳资之间的矛盾。由于生产资料私有制和生产社会化的矛盾不可克服，这种固有的矛盾必然使劳资矛盾加剧，从而加速资本的消亡。

机器——

一方面，机器成了资本家阶级用来实行专制和进行勒索的最有力的工具，另一方面，机器生产的发展为真正社会的

[1]《马克思恩格斯全集》第八卷，人民出版社1961年版，第230页。
[2]《马克思恩格斯文集》第二卷，人民出版社2009年版，第32—33页。

生产制度代替雇佣劳动制度创造必要的物质条件。[1]

——马克思《总委员会提交布鲁塞尔代表大会的关于在资本主义制度下使用机器的后果的决议草案》

从工业革命开始到1870年，这是资本主义高奏凯歌、生机勃勃的时代。机器大工业使资本主义进入了自由竞争的发展阶段。资产阶级依靠工业和机器创造了巨大的生产力，并且摧毁了封建统治。正如《共产党宣言》所指出的："资产阶级在它的不到一百年的阶级统治中所创造的生产力，比过去一切世代创造的全部生产力还要多，还要大。"[2]

然而，机器和大工业带给人的是什么？马克思在《资本论》中指出："一切发展生产的手段都转变为统治和剥削生产者的手段，都使工人畸形发展，成为局部的人，把工人贬低为机器的附属品，使工人受劳动的折磨，从而使劳动失去内容，并且随着科学作为独立的力量被并入劳动过程而使劳动过程的智力与工人相异化"[3]。

机器的每一次变革和提升，给工人带来的不是自由和幸福，而是更多的束缚和压迫。在工场手工业和手工业中，是工人利用工具，在工厂中，是工人服侍机器。

恩格斯指出："在这种永无止境的苦役中，反复不断地完成同一个机械过程；这种苦役单调得令人丧气，就像息息法斯的苦刑一样；劳动的重压像巨石般一次又一次地落在疲惫不堪的工人身上"[4]。

恩格斯在《社会主义从空想到科学的发展》一文中也指出："机

[1]《马克思恩格斯全集》第十六卷，人民出版社1964年版，第357页。

[2]《马克思恩格斯文集》第二卷，人民出版社2009年版，第36页。

[3]《资本论》第一卷，人民出版社2004年版，第743页。

[4]《马克思恩格斯全集》第二卷，人民出版社1957年版，第464页。

器，用马克思的话来说，就成了资本用来对付工人阶级的最强有力的武器，劳动资料不断地夺走工人手中的生活资料，工人自己的产品变成了奴役工人的工具。"[1]

马克思在《资本论》中指出："人为的高温，充满原料碎屑的空气，震耳欲聋的喧嚣等等，都同样地损害人的一切感官，更不用说在密集的机器中间所谓的生命危险了。这些机器像四季更迭那样规则地发布自己的工业伤亡公报。……傅立叶称工厂为'温和的监狱'难道不对吗？"[2]

工人不仅和机器之间进行斗争，还同资本进行斗争。为了反抗资本家的剥削和压迫，工人们联合起来砸毁机器、烧毁契约，尽管这不能从根本上摧毁资本主义制度，但足以说明机器加剧了劳资矛盾，也说明机器并不能挽救资本主义灭亡的命运，它在提高生产力的同时，使资本主义生产方式的矛盾进一步激化，使狭窄的生产关系无法容纳生产力的发展，最终导致资本主义的必然灭亡。

在当今，科技革命的迅速发展带来了生产力的巨大提升，然而仍然要处理好"机器"与"人"的关系，确立人的主人公地位，让机器更好地为人服务，为社会服务，不能让人为机器服务，更不能让人沦为机器的奴隶。

---

[1]《马克思恩格斯文集》第十九卷，人民出版社1963年版，第235—236页。

[2]《马克思恩格斯文集》第五卷，人民出版社2009年版，第491—492页。

跳跃——

商品价值从商品体跳到金体上，像我在别处说过的，是商品的惊险的跳跃。这个跳跃如果不成功，摔坏的不是商品，但一定是商品占有者。[1]

——马克思《资本论》

马克思指出，资本主义的发展有两个转变，即商品向货币的转变和货币向资本的转变。

商品向货币的转变

马克思研究发现，在古代印度公社中就有社会分工，但产品并不成为商品。人类最初的商品交换是带有很大偶然性的以物易物的交换，如用一斗米换两尺布，马克思将此称为"偶然的简单的价值形式"。后来随着生产力的发展用以交换的商品越来越多，长发的希腊人开始卖酒，一些人用青铜、牛皮，用牛甚至用奴隶去交换酒。我国在奴隶社会初期就有弓箭、陶器、青铜器、玉器、谷、布、牛、羊等商品进入交换市场。后来随着社会的发展，人们把一般等价物固定在某一种商品上，这时货币就产生了。历史上充当过货币的商品很多，如牲畜、毛皮、盐、铁、玉石、贝壳等，最后固定于贵金属上，如金、银，它质地均匀，便于分割、携带和保存，体积小、价值大。正

---

[1]《资本论》第一卷，人民出版社2004年版，第127页。

如马克思所说：“金银天然不是货币，但货币天然是金银。”[1]

货币是发展了的商品价值，货币出现后，劳动产品变成了商品，而且生产商品的劳动力也变成了商品，甚至连良心、名誉等远不属于商品的东西也被它们的所有者出卖换成了金钱。因此从本质上说，货币同其他商品一样也代表着一定生产关系，在资本主义条件下，代表着资本主义的生产关系。马克思这样形容，商品成为货币后带来的两种结果，一方面资本取得了对劳动的积累权；另一方面随着货币的大量出现，自由流动的劳动不断涌现，不断出卖自身劳动力的阶级形成了，他们必须不断地出卖自己才能维持其生存。

货币向资本的转变

资本家如果把钱藏在钱柜里不用于购买商品，那么无论他藏多久，货币也下不出金蛋，这种人只不过是巴尔扎克笔下的高老头式的守财奴，并不配称为资本家。为了使货币生出金蛋，他必须把货币转化为资本投于流通领域，这就需要购买一种可以创造剩余价值的特殊商品，这种商品就是劳动力。

劳动力要成为商品必须具备两个条件，一是它必须是法律上的“自由人”，从而能够“自由”地出卖自己；二是除了自己的劳动力之外，他们完全丧失了生产资料，被剥夺得一无所有，必须靠出卖劳动力谋生。劳动力成为商品是资本主义特有的现象。由此可见，货币转化为资本必须以购买劳动力作为商品为前提。

货币是充当一般等价物的特殊商品，是商品交换的媒介，是商品交换发展到一定阶段的产物。货币具有价值尺度、流通手段、支付手段、贮藏手段和世界货币五个职能，其中，价值尺度、流通手段和支

---

[1]《资本论》第一卷，人民出版社2004年版，第108页。

付手段是货币的基本职能。

资本是能够带来剩余价值的价值，资本的积累意味着资本对工人的剥削的加深，在资本积累的过程中形成两极，一极是工人贫困的积累，另一极则是资本家财富的积累。在资本剥削工人的过程中，货币必然转化为资本，货币转化为资本是资本家对工人剥削的必然结果。

从以上分析可以看出，由于劳动力成为商品，然后货币转化为资本，这就是资本的原始积累。资本原始积累的过程就是资本剥削压榨工人的过程，也是造成贫富两极分化、劳动与资本关系不断激化的过程，劳动带来了这种"两极"必然导致资本主义生产方式崩溃。

劳动力商品的使用价值是价值的源泉，因为劳动力商品在消费过程中能创造新的价值，而且这个新的价值比劳动力本身的价值更大，因此资本购买劳动力后在消费过程中不仅能够收回他在购买这种商品时支付的价值，还能得到一个增殖的价值即剩余价值，而一旦资本购买的劳动力带来剩余价值，货币也就变成了资本。

这告诉我们，资本的形成经历了量变到质变的过程，资本积累的过程就是走向崩溃的过程。

价值规律——

只有通过竞争的波动从而通过商品价格的波动，商品生产的价值规律才能得到贯彻，社会必要劳动时间决定商品价值这一点才能成为现实。[1]

——恩格斯《马克思和洛贝尔图斯。"哲学的贫困"德文版序言》

---

[1]《马克思恩格斯全集》第二十一卷，人民出版社1965年版，第215页。

价值规律可表述为：商品的价值由生产商品的社会必要劳动时间所决定，商品按其价值量来进行等价交换。价值规律是商品经济的基本规律，它发生作用的形式是价格自发地围绕价值发生波动，当供大于求时，商品就会降价，商品的价格也会跌到其价值之下。当求大于供时，商品就可能加价出售，商品的价格就会上升到商品的价值之上。只有在供求一致时，价格才与价值相吻合。因此价格以价值为中心上下波动，正是价值规律发生的作用。

价值规律的作用体现在两个方面：一是自发地调剂社会各生产部门之间的生产要素配置，商品生产者生产什么，生产多少完全取决于市场供求和价格情况。当某种商品供不应求、价格上涨时，生产者就会把生产要素投向这些有利可图的部门。当某种商品供过于求、价格下跌时，生产者便会把生产要素从这个部门抽走。但是，如果单靠价值规律调节社会生产将会不可避免地带来社会财富和劳动的损失，因此价值规律必须与政府调控相结合。二是促进市场竞争，刺激商品生产者不断改进技术，提高社会生产力，以适应市场需求。

在当今社会，价值规律仍然在发挥着重要作用。但是，价值规律具有自发性和盲目性，这匹"脱缰的野马"必须戴上缰绳，否则就会造成资源浪费、扰乱市场。政府调控和市场价值规律作为"看得见的手"和"看不见的手"，二者相结合，并驾齐驱，促进市场经济顺利发展。

积累——

一切生产剩余价值的方法同时就是积累的方法，而积累的每一次扩大又反过来成为发展这些方法的手段。……因此，在一极是财富的积累，同时在另一极，即在把自己的产品作为资本来生产的阶级方面，是贫困、劳动折磨、受奴役、无知、粗野和道德堕落的积累。[1]

——马克思《资本论》

资本是靠积累完成的，资本的积累是一个过程。积累是资本主义生产方式基本规律。资本的积累既是统治者财富的积累，也是工人贫苦的积累。

马克思在《资本论》中指出："资本主义的生产方式和积累方式，从而资本主义的私有制，是以那种以自己的劳动为基础的私有制的消灭为前提的，也就是说，是以劳动者的被剥夺为前提的。"[2]

资本积累是资本主义发展的必然趋势，资本主义生产方式存在一天，资本的积累便一天也不会停止。无止境的贪欲迫使资本家不停地积累。1863年，美国的老洛克菲勒只是一个拥有小额资本的投机商，他用4000美元开办了一家炼油厂。过了7年，洛克菲勒组成俄亥俄美孚石油公司，资产已达50多万美元。又过了一个世纪，1974年，这个财团的资产竟达444亿美元，成为美国的头号大财团。

正如马克思所说："竞争迫使资本家不断扩大自己的资本来维持自己的资本，而他扩大资本只能靠累进的积累。"[3]

在资产阶级扩张和积累资本的同时，也就产生了对立的力量，即无产阶级。在资本主义胚胎里就孕育着对抗的力量。资本积累固然使资本主义社会财富不断增长，但同时也使资本主义生产方式固有的矛盾不断累积并引发不可调和的对抗性矛盾，一方面是资本主义物质财

---

[1]《资本论》第一卷，人民出版社2004年版，第723—744页。

[2]《资本论》第一卷，人民出版社2004年版，第887页。

[3]《马克思恩格斯全集》第二十三卷，人民出版社1972年版，第650页。

富的积累，另一方面是无产阶级贫困的积累。积累的结果必将使无产阶级更加反抗资产阶级的剥削和压迫，这两大阶级的矛盾必将使资本主义灭亡。

马克思把积累用于资产阶级生产方式，用积累揭示资本主义的发展规律。革命同样是积累的过程，每一次革命的爆发都是长期的矛盾积累，也是革命因素的积累，忽视平时的积累而企图幻想革命成功，就会犯"左"的错误，从博古、李立三到王明，从"短促突击"到"攻打中心城市"，都忽视了革命因素的积累而寄希望于一朝一夕、一蹴而就，幻想革命高潮和革命胜利很快到来。王明在他那本《为中共更加布尔什维克化而斗争》中说，"革命全面胜利即将到来"，强调推行"进攻路线"，使我们党的事业受到严重挫折。正如斯大林所说："蔑视辩证法，必然会受到惩罚的。"

不积跬步，无以至千里。积累的规律也是量变到质变的规律，它不仅适用于资本主义社会，也适用于我们日常生活。冰冻三尺非一日之寒，千里之台，始于垒土。世界万事万物的变化都是由积累形成的，一切变革都是由平时的积累而引起的。医学研究表明，血管斑块的形成不是开始于人的中年和老年，而是在婴儿出生后就开始积累斑块。因此，掌握积累的规律对于工作和人生也都有积极意义，"人不能一口吃成个胖子"，要注意平时的积累。事物的突变背后有漫长的积累。每一个成功人士的背后都有艰辛的积累，"台上一分钟，台下十年功"，真善美是平时一点一滴的积累，古人告诉我们"勿以恶小而为之，勿以善小而不为"。

注重积累吧，在积累中实现人生的抱负，创造不凡的业绩，寻求惊人的突变。

分工——

机器的采用加剧了社会内部的分工，简化了作坊内部工人的职能，扩大了资本积累，使人进一步被分割。[1]

——马克思《哲学的贫困》

在马克思眼中，分工并不是简单的工种分配，马克思通过分工与阶级联系起来，分工产生了阶级，阶级也促进了分工，分工和阶级如影随形。

畜牧部落和农业部落的专业化被恩格斯称为第一次社会大分工并由此产生了经常的产品交换，随着生产力的进一步发展，手工业生产也日趋复杂和专门化，使手工业又逐渐从农业中脱离出来，造成了手工业和农业分离的第二次社会大分工。

马克思也指出："在埃及有过劳动和分工，因此有等级；在希腊和罗马有过劳动和分工，因此有自由民和奴隶；在中世纪有过劳动和分工，因此有封建主和农奴、行会、等级等等。在我们这个时代也有劳动和分工，因此也就有阶级，其中一个阶级占有全部生产工具和生活资料，另一个阶级只有出卖自己的劳动才能生存。"[2]分工的演变决定阶级历史的演变。

分工是社会发展的需要，"工业分工是资本主义生产方式的独特

---

[1]《马克思恩格斯全集》第四卷，人民出版社1958年版，第170页。

[2]《马克思恩格斯全集》第六卷，人民出版社1961年版，第221页。

创造"[1]。但资本主义社会的分工却是对人的"分割",给工人带来的是片面和畸形。这样势必形成一种不公正现象:劳动成为劳动者的宿命,而知识则成为知识者的特权。

马克思继而指出:"在现代制度下,如果弯腰驼背,四肢畸形,某些肌肉的片面发展和加强等,使你更有生产能力(更有劳动能力),那么你的弯腰驼背,你的四肢畸形,你的片面的肌肉运动,就是一种生产力。"[2]

马克思在《德意志意识形态》中说:"只要人们还处在自发地形成的社会中,也就是说,只要私人利益和公共利益之间还有分裂,也就是说,只要分工还不是出于自愿,而是自发的,那末人本身的活动对人说来就成为一种异己的、与他对立的力量,这种力量驱使着人,而不是驾驭着这种力量。"[3]由此可见,分工是对人自由全面发展的一种剥夺。

资本的贪欲是无止境的,马克思指出:"由此可见,生产方式和生产资料总在不断变更,不断革命化;分工必然要引起更进一步的分工;机器的采用必然要引起机器的更广泛的采用;大规模的生产必然要引起更大规模的生产"[4]。

在资本主义社会,分工既是工业发展和社会发展的产物,同时又是资本对工人剥削的深化,这种强制的分工是对人自由的限制和剥夺。马克思尖锐指出,机器加剧了社会分工,"使人进一步被分割"。显然,只有消灭阶级才能最后消灭分工。

---

[1]《马克思恩格斯文集》第五卷,人民出版社2009版,第415页。

[2]《马克思恩格斯全集》第四十二卷,人民出版社1979年版,第261页。

[3]《马克思恩格斯全集》第三卷,人民出版社1960年版,第37页。

[4]《马克思恩格斯全集》第六卷,人民出版社1961年版,第501页。

当今的社会分工既促进了专业化，提高了生产力，但同时也会造成人的片面发展。生产线上枯燥单一的劳动、长年累月机械的重复，势必使工人形成片面甚至畸形发展，影响精神和身体的全面发展。

异化——

> 异化劳动，由于（1）使自然界同人相异化，（2）使人本身，使他自己的活动机能，使他的生命活动同人相异化，因此，异化劳动也就使类同人相异化；对人来说，异化劳动把类生活变成维持个人生活的手段。第一，它使类生活和个人生活异化；第二，它把抽象形式的个人生活变成同样是抽象形式和异化形式的类生活的目的。[1]
>
> ——马克思《1844年经济学哲学手稿》

朱门酒肉臭，路有冻死骨。劳动是人们改造自然、征服自然的活动，劳动本来应带给人类财富和幸福。然而在资本主义社会，劳动却出现了"两极"，带给资本家的是财富的积累，带给工人的却是更多的贫穷，这就是马克思提出的劳动异化，劳动异化理论是马克思主义的重要内容。

马克思和恩格斯合写的《神圣家族》一书，揭示了资本主义社会的异化现象：劳动创造了财富，也创造了贫困，劳动创造了价值，也创造了贫穷，这种异化的根源就是劳动资料私有制和生产社会化。马克思的异化劳动理论首先揭示了资本主义条件下工人劳动的异化状

---

[1]《马克思恩格斯选集》第一卷，人民出版社2012年版，第56页。

况。工人生产的财富越多，他就越贫穷；他在劳动中耗费的力量越多，他亲手创造的、与自己相对立的异化的对象世界的力量就越强大，而他本身的内部世界则越贫乏。马克思在《资本论》中还指出："工人的肺结核和其他肺部疾病是资本生存的一个条件。"

劳动异化还带来物质财富与精神财富之间的矛盾，物质财富的增加并没有带来精神的充实和提高，资本主义私有制促使物质财富和精神文明相分离，拜金主义、利己主义对财富不择手段的追逐，货币拜物教激发人的劣质本性，道德危机、价值观念危机，拜金主义带来了价值观念颠倒和道德沦丧。资本主义市场经济的恶性竞争带来了尔虞我诈、勾心斗角、破产沦落甚至自杀。

劳动异化理论揭示了资产阶级和无产阶级对立的深刻根源，阐明劳动与资本之间的对立使工人阶级的斗争和反抗是不可避免的，揭示出资本主义生产方式的发展规律，劳动异化必然为消灭资本主义私有制，争取人类解放开辟一条道路。

劳动异化理论为资本主义敲响了丧钟，劳动异化理论与剩余价值理论都注定了资本主义的必然灭亡。马克思得出结论："劳动和资本的这种对立一达到极限，就必然成为全部私有财产关系的顶点、最高阶段和灭亡。"[1]

马克思劳动异化理论如同一把钥匙，它帮助我们理解社会财富与贫困一同增加的现象，理解资本主义社会中财富增加和分配不平等之间的矛盾，物质财富与精神财富之间失衡的矛盾，资本主义社会生产力与生产关系之间的矛盾。这些观点对于今天仍然有重要的指导意义。

借助马克思主义劳动异化理论，要防止当今劳动异化。要解决社会财富和社会分配不平衡，劳动和收入不平衡的问题，根本出路是深化改革。正在开展的扶贫攻坚就是对马克思主义的继承和发展。要用

---

[1]《马克思恩格斯全集》第四十二卷，人民出版社1979年版，第106页。

马克思主义的理论和习近平新时代中国特色社会主义思想，按照社会主义本质的要求，坚持共同致富、多劳多得的原则，解决劳动与收入不平衡的问题，进而解决贫富不均，实现共同富裕，让劳动者都享有公平正义，财富分配的流向进一步趋向公正公平，使改革开放的成果由社会成员共享。在建设物质文明的同时，还要树立社会主义核心价值观，抵制拜金主义、个人主义，抵制市场经济消极因素，使物质文明建设和精神文明建设同步发展。

扬弃——

> 人们先是在一定的基础上——起先是自然形成的基础，然后是历史的前提——从事劳动的。可是到后来，这个基础或前提本身就被扬弃，或者说成为对于不断前进的人群的发展来说过于狭隘的、正在消灭的前提。[1]
>
> ——马克思《政治经济学批判（1857—1858年手稿）》

扬弃是万事万物发展的必然规律，事物的量变到质变、否定之否定、对立统一都体现出扬弃。春蚕每一次蜕变就是对自身的扬弃，种子的发芽是对种子的扬弃，开花是对发芽的扬弃，结果是对开花的扬弃。自然界是这样，人类社会仍然是这样，都无法摆脱这个规律。

马克思借助"扬弃"一词说明的是资本主义的暂时性，他辩证分析资本这个"怪物"，它壮大着自己又萎缩着自己；它扩张着自己又缩小着自己；它张扬着自己又抛弃了自己；它发展着自己又毁灭着自

---

[1]《马克思恩格斯选集》第二卷，人民出版社2012年版，第750页。

己，资本的本性所决定它将不可避免地走向消亡。资本主义社会的基本矛盾决定了资本主义制度的结局。

资本是历史产物，它在胚胎里就孕育着对立面——雇佣劳动。资本主义的发展必然造就出它的反对力量。正如恩格斯所说："资产阶级从它产生的时候起就背负着自己的对立物：资本家没有雇佣工人就不能存在。"[1]

"资本本身就是矛盾，因为它总是力图取消必要劳动时间（而这同时就是要把工人减少到最低限度，也就是说，工人只是作为活劳动能力而存在），但是剩余劳动时间只是作为对立物，只是同必要劳动时间对立地存在着，因此，资本把必要劳动时间作为它的再生产和价值增殖的必要条件。物质生产力的发展——同时又是工人阶级力量的发展——到一定时候就会扬弃资本本身。"[2]

在马克思看来，"共产主义是对私有财产即人的自我异化的积极的扬弃，因而是通过人并且为了人的本质的真正占有；因此，它是人向自身、也就是向社会的即合乎人性的人的复归，这种复归是完全的复归，是自觉实现并在以往发展的全部财富的范围内实现的复归"[3]。在扬弃私有财产的同时，共产主义还必须消灭人的自我异化，进而实现人的发展的总体性和全面性。

扬弃理论启示我们，无产阶级作为被剥削、被压迫的阶级，在成长壮大的过程中也要不断自我革命，克服自身的软弱和缺点，不断地提升自己，扬弃自身肮脏的东西，才能肩负起自身的使命。

---

[1]《马克思恩格斯文集》第三卷，人民出版社2009年版，第525页。

[2]《马克思恩格斯全集》第四十六卷（下册），人民出版社1979版，第38页。

[3]《马克思恩格斯文集》第一卷，人民出版社2009年版，第185页。

狭窄——

　　资产阶级的关系已经太狭窄了，再容纳不了它本身所造成的财富了。[1]

——马克思、恩格斯《共产党宣言》

　　狭窄是马克思对资本主义生产关系的形象表述，"狭窄的""狭隘的""资产阶级的关系已经太狭窄了""被资本主义生产方式的狭隘范围所束缚的大工业"，马克思、恩格斯这些形象的用语比喻资本主义生产资料私有制与生产力的不相适应，这也正是资本主义生产方式内在矛盾的表现，这种"狭隘的"和"狭窄的"生产关系无法容纳越来越发达的生产力，必然表现为激烈的矛盾和冲突，导致无产阶级革命最终推翻资本主义制度。

　　狭窄是资本主义发展的必然结果，狭窄是资本主义生产关系与生俱来的产物，工业的发展造就了资本主义，与此同时带来了生产的社会化和生产资料私有制之间的矛盾，狭窄的生产关系无法容纳资本主义的生产力，必然引起周期性的经济危机。随着生产力的发展，现代资产阶级社会的基本矛盾，也就是生产的社会性和生产资料占有制的私人性之间的矛盾日益尖锐化，于是周期性的经济危机不断爆发，"在危机期间，发生一种在过去一切时代看来都好像是荒唐现象的社会瘟疫，即生产过剩的瘟疫。社会突然发现自己回到了一时的野蛮状

---

[1]《马克思恩格斯选集》第一卷，人民出版社2012年版，第401页。

态"[1]，阶级矛盾也随之日益激化。

社会所拥有的生产力已经不能再促进资产阶级文明和资产阶级所有制国家的发展；相反，生产力已经强大到这种关系所不能适应的地步，它已经受到这种关系的阻碍；而它已着手克服这种障碍就使整个资产阶级社会陷入混乱，就使资产阶级所有制的存在受到威胁。资本主义生产关系的狭窄是不可克服的。

资本的积累必然带来生产关系的狭窄。资本自身的本性就是狭窄的，资本家的生产不是为了人类的需要而生产，而是为了赚取剩余价值。马克思强调，由于"狭窄"的生产方式无法容纳生产力的发展，资本主义的危机和无产阶级革命必然爆发。"资产阶级用来推翻封建制度的武器，现在却对准资产阶级自己了。"[2]

正如恩格斯在《路德维希·费尔巴哈和德国古典哲学的终结》中指出："正像工场手工业在一定发展阶段上曾经和封建的生产秩序发生冲突一样，大工业现在已经同代替封建生产秩序的资产阶级生产秩序相冲突了。被这种秩序、被资本主义生产方式的狭隘范围所束缚的大工业，一方面使全体广大人民群众愈来愈无产阶级化，另一方面生产出愈来愈多的没有销路的产品。生产过剩和大众的贫困，两者互为因果，这就是大工业所陷入的荒谬的矛盾，这个矛盾必然地要求通过改变生产方式来使生产力摆脱桎梏。"[3]

无止境的贪欲，生产的社会化与狭窄的生产关系必然发生矛盾，将把资本主义社会推向解体。

[1]《马克思恩格斯选集》第一卷，人民出版社2012年版，第406页。

[2]《马克思恩格斯选集》第一卷，人民出版社2012年版，第406页。

[3]《马克思恩格斯全集》第二十一卷，人民出版社1965年版，第345页。

危机——

　　我现在发狂似地通宵总结我的经济学研究，为的是在洪水之前至少把一些基本问题搞清楚。[1]

——《马克思致恩格斯》（1857年12月8日）

　　危机是资本主义生产方式的必然产物。由于市场扩张赶不上生产扩张，冲突便不可避免，并且成为周期性的了，资本主义生产造成新的恶性循环。恩格斯在《社会主义从空想到科学的发展》中指出："事实，自从1825年第一次普遍危机爆发以来，整个工商业世界，一切文明民族及其野蛮程度不同的附属地中的生产和交换，差不多每隔十年就要出轨一次。交易停顿，市场盈溢，产品大量滞销积压，银根奇紧，信用停止，工厂停工，工人群众因为他们生产的生活资料过多而缺乏生活资料，破产相继发生，拍卖纷至沓来。"[2]恩格斯还指出："从1825年以来，这种情况我们已经历了整整五次，目前（1877年）正经历着第六次。"[3]

　　资本主义基本矛盾的日益暴露导致了周期性的资本主义经济危机。资本主义生产方式造成了生产不断扩大，同时也造成劳动人民无产阶级贫困化加剧，购买力日益缩小，资本主义市场被破坏。资本家为了保持价格往往大量销毁产品，比如把大量的牛奶或咖啡倒在臭水

---

[1]《马克思恩格斯全集》第二十九卷，人民出版社1972年版，第219页。

[2]《马克思恩格斯文集》第三卷，人民出版社2009年版，第556页。

[3]《马克思恩格斯文集》第三卷，人民出版社2009年版，第556页。

沟里；或者解雇工人，因为产品过剩不需要那么多工人，这就造成大量工人失业；也有很多资本家自身因此破产，最终导致经济危机爆发。表面的生产过剩就是资本主义生产方式危机的前兆。

第二次世界大战后，资本主义世界特别是美国爆发六次经济危机，差不多每隔三五年就爆发一次，这种危机给劳动人民带来的是痛苦和灾难。资本主义越发展，其周期性的经济危机也就越严重。资本家都认为个人生产得越多，卖得越多，获得的利润也就越多，因而生产更多的产品。但是由于整个社会生产没有计划性，结果导致产品过剩，生产力浪费、工人失业、资本家破产、经济崩溃、社会混乱，整个社会就像是发生了一场瘟疫。一次次经济危机暴露出资本主义社会制度的症结所在，为资本主义敲响了丧钟，也一次次验证了马克思主义对资本主义社会的预言。

报复——

我们不要过分陶醉于我们人类对自然界的胜利。对于每一次这样的胜利，自然界都对我们进行报复。每一次胜利，起初确实取得了我们预期的结果，但是往后和再往后却发生完全不同的、出乎预料的影响，常常把最初的结果又消除了。[1]

——恩格斯《自然辩证法》

---

[1]《马克思恩格斯文集》第九卷，人民出版社2009年版，第559—560页。

马克思主义认为，人与自然是一个整体，遏制人的贪欲才能与大自然和谐相处，建设高度文明的生态家园。

马克思和恩格斯还论述了对自然界的过度开发利用，必然引起自然界对人类的报复。恩格斯列举了美索不达米亚、希腊、小亚细亚等地区为获得耕地毁坏森林造成的悲剧，告诫人们："我们每走一步都要记住：我们决不像征服者统治异族人那样支配自然界，决不像站在自然界之外的人似的去支配自然界——相反，我们连同我们的肉、血和头脑都是属于自然界和存在于自然界之中的；我们对于自然界的整个支配作用，就在于我们比其他一切生物强，能够认识和正确运用自然规律。"[1]

马克思还敏锐地预见到资本主义的扩张将会对人类生存的环境造成的危害，指出人是自然的有机组成部分，承认人本身来自自然，取自自然，是自然的有机整体，提出了人与自然和社会辩证统一的思想。马克思深刻揭示了生态危机幕后的罪魁祸首就是资本主义制度，无情地批判了资本主义对自然界的掠夺和破坏，也为我们今天珍惜自然、保护自然敲响了警钟。

习近平总书记在纪念马克思诞辰200周年大会上强调，学习马克思，就要学习和实践马克思主义关于人与自然关系的思想。马克思认为，"人靠自然界生活"，自然不仅给人类提供了生活资料来源，如肥沃的土地、渔产丰富的江河湖海等，而且给人类提供了生产资料来源。自然物构成人类生存的自然条件，人类在同自然的互动中生产、生活、发展，人类善待自然，自然也会馈赠人类，但"如果说人靠科学和创造性天才征服了自然力，那么自然力也对人进行报复"[2]。

---

[1]《马克思恩格斯文集》第九卷，人民出版社2009年版，第560页。

[2]《马克思恩格斯选集》第三卷，人民出版社2012年版，第275—276页。

自然是生命之母，人与自然是生命共同体，人类必须敬畏自然、尊重自然、顺应自然、保护自然。我们要坚持人与自然和谐共生，牢固树立和切实践行绿水青山就是金山银山的理念，动员全社会力量推进生态文明建设，共建美丽中国，让人民群众在绿水青山中共享自然之美、生命之美、生活之美，走出一条生产发展、生活富裕、生态良好的文明发展道路。

过度砍伐造成山体植被覆盖率减低，导致滑坡、泥石流。石油泄漏，工农业、生活用水未经处理排入江河湖海，引发赤潮。温室气体排放使得全球气候变暖，造成海平面上升，淹没岛屿国家；气候异常引起厄尔尼诺现象、拉尼娜现象，秘鲁沿岸鱼类大量死亡，给渔业带来巨大损失，厄尔尼诺现象还会使东南亚地区干旱，引发森林大火。

在我国经济社会快速发展的同时，高投入、高能耗、高排放的粗放型发展使得环境污染、生态破坏、资源不足的问题日益突出，还有掠夺式开采带来的安全事故，造成人民生命财产重大损失。我们已经受到自然界的报复。要减少和防止自然界对人类的报复，就要把人的欲望控制在一定的范围，尊重自然、爱护自然，与自然和谐相处。

中国古代的"天人合一"和马克思的人与自然和谐思想，都体现出人与自然关系认识，从而提醒我们人是自然界的一部分，要顺应自然规律，保护好人类赖以生存的自然生态，实现人的发展、社会进步与自然保护的统一。

第六部分
历史向世界历史转变

　　世界历史的开创绝不是史诗般的东西。马克思在《资本论》中指出，资本主义原始积累过程是"用血和火的文字载入人类编年史的"[1]。资本的扩张和卷入形成了世界历史，血腥和暴力是世界历史的开端，因此资产阶级开创了世界历史，却无法完成世界历史，作为肩负全人类解放使命的无产阶级将完成世界历史。

商品——

　　凡是资产阶级经济学家看到物与物之间的关系（商品交换商品）的地方，马克思都揭示了人与人之间的关系。[2]
　　——列宁《马克思主义的三个来源和三个组成部分》

---

[1]《资本论》第一卷，人民出版社2004年版，第822页。
[2]《列宁选集》第二卷，人民出版社2012年版，第312页。

商品是天生的"平等派"

商品是为了出售而生产的劳动成果，是人类社会生产力发展到一定历史阶段的产物，是用于交换的劳动产品。

商品的基本属性是价值和使用价值，价值是凝结在商品中的无差别的人类劳动，使用价值是指商品能够满足人类某种需要的属性。价值是商品的本质属性，使用价值是商品的自然属性。有使用价值的东西不一定是商品，如空气、阳光等，只有具有交换价值的东西才是商品。马克思在《资本论》中曾作了形象的比喻，"木头和桌子，通过劳动使木头变成了桌子，桌子从而成为了商品"[1]。

商品是交换的产品，商品是天生的"平等派"。商品中包含有平等思想的萌芽，正如马克思在《共产党宣言》中所指出的："商品的低廉价格，是它用来摧毁一切万里长城、征服野蛮人最顽强的仇外心理的重炮。它迫使一切民族——如果它们不想灭亡的话——采用资产阶级的生产方式。"[2]"资产阶级在它已经取得了统治的地方把一切封建的、宗法的和田园诗般的关系都破坏了。它无情地斩断了把人们束缚于天然尊长的形形色色的封建羁绊，它使人和人之间除了赤裸裸的利害关系，除了冷酷无情的'现金交易'，就再也没有任何别的联系。它把宗教虔诚、骑士热忱、小市民伤感这些情感的神圣发作，淹没在利己主义打算的冰水之中。它把人的尊严变成了交换价值，用一种没有良心的贸易自由代替了无数特许的和自力挣得的自由。"[3]资

---

[1]《资本论》第一卷，人民出版社2004年版，第103页。

[2]《马克思恩格斯文集》第二卷，人民出版社2009年版，第35页。

[3]《马克思恩格斯文集》第二卷，人民出版社2009年版，第33—34页。

产阶级利用商品摧毁了森严壁垒的封建制度和等级观念，封建制度从根本上被瓦解了。

商品包含着资本主义生产方式的矛盾

商品，人们司空见惯的东西，却被马克思以犀利的目光捕捉到了其中蕴藏的巨大秘密。商品价值是两个人之间的一种关系，被物外壳掩盖的关系，马克思从商品入手剖析资本主义，揭示伟大的发现：劳动异化、财富积累越多，贫穷积累就越多，只有消灭资本主义私有制，工人才能实现自身的完全复归。

在资本主义社会，商品是资本主义社会"财富的元素形式"，成为资本主义经济的"细胞"。商品这个细胞的内在矛盾包含着资本主义生产方式中一切矛盾的胚芽。

马克思在《资本论》中对资本主义生产关系的研究是从商品开始的，因为商品包含着劳动，而劳动就有劳动者的依附关系，包含着雇佣劳动。由于资本对利润的追逐，劳动必将出现劳动异化，创造劳动的人给资本带来财富，但却使自己陷入贫困。

因此，马克思指出商品不是物与物的关系，而是人与人之间的关系，马克思通过商品揭示了资本主义社会商品背后的剥削和被剥削的关系、资本和劳动的对立，从而从商品中发现了剩余价值这一资本主义必将被社会主义代替的铁的定律。

商品开创世界历史

考古发现，在我国古代商朝时期就有了商品的往来，贝壳充当了商品交换的等价物，"贾"字就是商品的形象说明。我国在奴隶社会初期就有弓箭、陶器、青铜器、玉器、谷、布、牛、羊等商品进入交换市场。商品也是一个社会繁荣昌盛的重要标志。在《清明上河图》中，商贾云集，交往络绎不绝、门庭若市，大宋朝的繁荣由此可见一斑。商品的发展开拓了丝绸之路，驼铃声响、货商连绵万里，丝绸之路跨越千山万水，贯通欧亚各国、连接东西方文明。

世界历史的形成也离不开商品，15世纪英国的纺织业兴起，羊毛价格上升，由此引发了长达300年"羊吃人"的圈地运动。而与此同时，数以千计的奴隶被当作商品贩卖到北美，又从北美贩运回商品，世界历史由此被商品"卷入"而形成。

在马克思的经典著作中，商品是与私有制紧紧联系在一起的，由于历史的局限，马克思无法预测商品经济在当今时代具有不可替代的作用，商品经济与社会制度可以分离。由于传统思想的影响，我们将商品作为社会主义的对立面，谈商色变，忽视商品经济发展，有过沉痛的教训。实践证明，商品经济和市场经济是社会主义不可逾越的阶段，不从属于社会制度。斯大林在《苏联社会主义经济问题》一文中指出："决不能把商品生产看作是某种不依赖周围经济条件而独立自在的东西。商品生产比资本主义生产更老。它在奴隶占有制度下存在过，并且替奴隶占有制度服务过，然而并没有引导到资本主义。它在封建制度下存在过，并且替封建制度服务过，可是，虽然它为资本主义生产准备了若干条件，却没有引导到资本主义。"[1]

中国的市场经济发展冲破了姓"资"姓"社"的束缚，为改革开放铺平了道路。1990年12月24日，邓小平在同几位中央负责同志谈话时说道："我们必须从理论上搞懂，资本主义与社会主义的区分不在于是计划还是市场这样的问题。社会主义也有市场经济，资本主义也有计划控制。"[2]如今，走进中国特色社会主义新时代，市场经济

[1]《斯大林全集》第二十卷，人民出版社2016年版，第125页。
[2]《邓小平文选》第三卷，人民出版社1993年版，第364页。

在资源配置中发挥着决定性作用，和计划经济并驾齐驱，促进和助推我国现代化建设和民族振兴。

还应该看到，商品具有两重性。商品在促进生产、交往、创造财富的同时，商品诱发的贪欲自私也成为社会的腐败根源，中国古代"贿赂"二字都少不了贝壳这个商品。因此，在市场经济的今天，既要大力发展商品经济，又要警惕商品等价交换原则侵入党的政治生活，防止拜物教腐蚀人们的思想，这是商品对我们今天的启示。

垄断——

> 正是竞争和垄断这两个互相矛盾的"原则"的结合，才是帝国主义的本质。[1]
>
> ——列宁《对全国四月代表会议党纲小组的意见的看法》

垄断是由资本扩张引起的，而且是不可避免的。帝国主义是资本主义的最高阶段，大工业和垄断行业被少数利益寡头所垄断，就把资本推向垄断阶段。列宁研究了资本主义时期的发展，提出了帝国主义是资本主义的最高阶段的论断，这一垄断理论将从世界范围内加大资本与无产阶级的矛盾和冲突。

帝国主义时期，也称垄断资本主义时期，是从19世纪末开始的。资本主义发展进入新阶段，由于生产和资本的集中引起垄断，由那些掌握一个或几个生产部门的大部分商品生产和销售的少数大资本家单独或联合地独占生产和市场，完成了"大鱼吃小鱼，小鱼吃麻虾"

---

[1]《列宁全集》第二十四卷，人民出版社1957年版，第431—432页。

的吞并。垄断无情地宣布了自由竞争的资本主义的结束。正如列宁所说："从竞争到垄断的转变，不说是最新资本主义经济中最重要的现象，也是重要的现象之一。"[1]

由于垄断，金融资本占据了统治地位，形成了金融寡头，他们在经济上控制国家经济命脉，在政治上操纵国家机器。资本向外输出，不仅输往经济落后国家，也输往经济发达国家，加剧了帝国主义国家的经济发展不平衡，加剧了帝国主义国家同经济落后国家之间的矛盾以及帝国主义国家之间的矛盾。国际垄断从经济上瓜分世界，帝国主义各国抢占殖民地，把它们作为最有利可图的原料产地、销售市场和投资场所。第一次世界大战前，世界领土的分割已基本完毕。

帝国主义的垄断暴露了帝国主义的腐朽性和寄生性，也使资本主义内部的各种矛盾更加尖锐和激化。因此列宁在《帝国主义是资本主义的最高阶段》一书中指出："应当说帝国主义是过渡的资本主义，或者更确切些说，是垂死的资本主义。"[2]可以说"帝国主义是无产阶级社会革命的前夜"[3]。

卷入——

资产阶级，由于一切生产工具的迅速改进，由于交通的极其便利，把一切民族甚至最野蛮的民族都卷到文明中来了。它的商品的低廉价格，是用它来摧毁一切万里长城、征服野蛮人

---

[1]《列宁选集》第二卷，人民出版社2012年版，第585页。

[2]《列宁选集》第二卷，人民出版社2012年版，第686页。

[3]《列宁选集》第二卷，人民出版社2012年版，第582页。

最顽强的仇外心理的重炮。它迫使一切民族——如果它们不想灭亡的话——采用资产阶级的生产方式；它迫使它们在自己那里推行所谓的文明，即变成资产者。[1]

——马克思、恩格斯《共产党宣言》

马克思在叙述世界历史的形成时，用了"卷入"一词，指出世界历史是被卷入形成的。马克思用卷入来形容资本扩张的强大势头。各国人民日益被卷入世界市场，从而资本主义制度日益具有国际的性质。在强大的资本扩张面前，"卷入"势不可挡，"龙卷风""旋涡"这种强大的力量将不同的民族和国家卷入历史的潮流之中。资本的扩张席卷全球，可谓"横扫千军如卷席"。

自15世纪末开始，由于新航线的开拓、工业的发展使资本向外扩张，使原来孤立存在的民族都自觉或不自觉地卷入世界历史潮流，同整个世界的生产发生实际联系。激烈而残酷的市场驱使资本占有者奔走于世界各地，他们到处落户，到处开发，到处建立联系。资本主义的发展开拓了世界市场，使一切国家的生产和销售都成为世界历史性的了。过去地方的与民族的自给自足和闭关自守状态，被各民族各方面的相互往来和各方面的相互依赖所代替。一方面，它使一切民族都卷入到文明中来了；另一方面，它又使未开化和半开化的国家从属于文明的国家，使落后民族从属于资本主义的世界历史，使农民的民族从属于资产阶级的民族，使东方从属于西方。由于各国人民日益被卷入世界市场，从而资本主义制度日益具有国际性质。

正如马克思所指出的那样："过去那种地方的和民族的自给自足和闭关自守状态，被各民族的各方面的相互往来和各方面的相互依赖

---

[1] 《马克思恩格斯文集》第二卷，人民出版社2009年版，第35—36页。

所代替了。物质的生产是如此，精神的生产也是如此。"[1]

但是世界历史的卷入并不是和风细雨。马克思在《资本论》中表述世界历史的形成是"用血和火的文字载入人类编年史的"，是一幕幕血腥的画面。英国的羊吃人的圈地运动、非洲数以千万的奴隶被大量贩卖揭开了世界历史血与火的序幕。欧洲的新兴资产阶级，通过武力征服海外殖民地、屠杀当地居民、抢劫金银财宝、大批贩卖黑人、实行保护关税制度、进行商业战争，掠夺大量财富，大大加速了资本的积累。西方殖民者在300多年时间里，仅从中南美洲就抢走了250万公斤的黄金、1亿公斤白银。1783年到1793年的10年间，奴隶贸易使非洲丧失的人口达1亿多。

马克思曾指出："历史正向世界历史转变。"全球化是历史的进步，历史必然发展成为世界历史。在资本主宰的世界，这种"卷入"扩大了资本的地盘，增加了交往，使资本成为国际的力量从而称霸于世，但同时也将资本的对立面殖民地半殖民地国家、被压迫民族和国家也"卷入"这种潮流之中。这就不可避免地形成了对抗的力量，而终究资本也将被历史的潮流"卷入"到历史的博物馆，这是不可避免的结局。可以肯定，资本主义可以开创世界历史，但却无法完成世界历史，完成世界历史的使命只能依靠无产阶级领导全人类实现解放才能完成。

---

[1]《马克思恩格斯选集》第一卷，人民出版社1995年版，第276页。

交往——

　　过去那种地方的和民族的自给自足和闭关自守状态，被各民族的各方面的互相往来和各方面的互相依赖所代替了。[1]

——马克思、恩格斯《共产党宣言》

　　历史就是人的历史，也是人与人交往的历史，社会交往开创了历史。马克思和恩格斯经常用"交往形式""交往方式""交往关系""生产和交往的关系"，指的就是包括生产关系在内的广泛的、动态的社会关系。

　　如前所说，随着卷入就有了交往，"交往"这个术语在《德意志意识形态》中多次运用，表明随着世界历史的形成，人们形成了物质交往和精神交往。马克思在《共产党宣言》中说，资本由于"不断扩大产品销路的需要，驱使资产阶级奔走于全球各地。它必须到处落户，到处开发，到处建立联系"[2]。马克思和恩格斯指出，物质交往首先是人们在生产过程中的交往，这是任何其他交往的基础。这种交往就是生产关系的形成，既带来生产力和商品的发展，促进了不同国家民族之间的融合，但同时也加剧了资本主义生产方式的矛盾。

　　社会在交往中发展，因为已经成为桎梏的旧的交往形式往往被适用于发达的生产力的新的交往形式所代替，新的交往形式又会被别的交往形式所代替。正如《德意志意识形态》中指出："已成为桎梏的

---

[1]《马克思恩格斯选集》第一卷，人民出版社1995年版，第276页。

[2]《马克思恩格斯文集》第二卷，人民出版社2009年版，第35页。

旧的交往形式被适应于比较发达的生产力，因而也适应于进步的个人自主活动类型的新的交往形式所代替；新的交往形式：à son tour（又）会变成桎梏，并为别的交往形式所代替。"[1]

马克思写《资本论》是从"社会交往方式"出发，从而分析"经济交换方式"的历史发展。只有当交往成为世界交往并且以大工业为基础的时候，只有当一切民族都卷入竞争斗争的时候，保持已创造出来的生产力才有了保障。

人是一切社会关系的总和，人的交往体现了人的本质。交往使得全球成为一个地球村，使人类成为一个命运共同体。"鸡犬之声相闻，老死不相往来"已成为历史，任何人都不能把自己置于社会之外。交通和信息的便捷带来了人与人的密切交往，但同时也会带来负面影响，如疫情的传播和扩散。突如其来的新型冠状病毒正是在人们交往的过程中而扩散的，全球疫情随着人们的交往而打破国界，跨越千山万水，使数千万人被感染，传播速度之快、危害之大，堪称"超级病魔"。交往无国界，病毒无国界，任何国家都不可能独善其身。

2020年3月26日，国家主席习近平在北京出席二十国集团领导人应对新冠肺炎疫情特别峰会并发表题为《携手抗疫 共克时艰》的重要讲话中强调指出："病毒不分国界，是全人类面临的共同挑战。任何国家都不能置身其外，独善其身。""新冠肺炎疫情再次表明，人类是一个休戚与共的命运共同体。国际社会应该守望相助、同舟共济。"

---

[1]《马克思恩格斯全集》第三卷，人民出版社1960年版，第81页。

法术——

> 资产阶级的生产关系和交换关系，资产阶级的所有制关系，这曾经仿佛用法术创造了如此庞大的生产资料和交换手段的现代资产阶级社会，现在像一个魔法师一样不能再支配自己用法术呼唤出来的魔鬼了。[1]
>
> ——马克思、恩格斯《共产党宣言》

资本主义利用大工业以前所未有的速度前进，以摧枯拉朽之势摧毁了个体手工业者和个体农民，随之而出现的是工厂、农场，它神魔般地创造出巨大的生产力和前人无法想象的物质财富，它创造的生产力比历史上任何时代创造的生产力都要多，仿佛呼咒般从地下呼出来一个新的世界，像魔术般地推动着社会的变革和世界的变化。

《共产党宣言》指出："资产阶级揭示了，在中世纪深受反动派称许的那种人力的野蛮使用，是以极端怠惰作为相应补充的。它第一个证明了，人的活动能够取得什么样的成就。它创造了完全不同于埃及金字塔、罗马水道和哥特式教堂的奇迹；它完成了完全不同于民族大迁徙和十字军征讨的远征。"[2]

恩格斯在《家庭、私有制和国家的起源》一书中干脆用摩尔根的一段话作为结束语："自从进入文明时代以来，财富的增长是如此巨大，它的形式是如此繁多……以致这种财富对人民说来已经变成了一

---

[1]《马克思恩格斯选集》第一卷，人民出版社2012年版，第405—406页。

[2]《马克思恩格斯文集》第二卷，人民出版社2009年版，第34页。

种无法控制的力量。人类的智慧在自己的创造物面前感到迷惘而不知所措了。然而，总有一天，人类的理智一定会强健到能够支配财富……只要进步仍将是未来的规律，像它对于过去那样，那么单纯追求财富就不是人类的最终的命运了。"[1]

资本主义神魔般地利用大工业创造了巨大的财富，但仍然无法挽救资本主义的必然灭亡的命运，但是别忘了，资本主义将把发明创新推动到前所未有的程度，同时资本主义的巨大生产力将迫使其垮掉。

动荡——

> 生产的不断变革，一切社会状况不停的动荡，永远的不安定和变动，这就是资产阶级时代不同于过去一切时代的地方。[2]
>
> ——马克思、恩格斯《共产党宣言》

由于资本主义生产的无计划和竞争，带来生产中经常不断的变革和社会接连不断的震荡，这就是资产阶级时代不同于过去其他时代的根本特点。随之出现的局面是，作为旧贵族的地主终归会没落，务农的农民或贫民终归会向工人阶级转化，"大资本家打倒小资本家"，"大鱼吃掉小鱼"，新的贵族崛起，封建特权的基础被动荡所摧毁。由于资本主义社会矛盾加剧、生产方式冲突，带来金钱、财富随风飘摇的状况，今天的富翁明天就会沦为乞丐，由于资本开辟了千百个致

---

[1]《马克思恩格斯选集》第四卷，人民出版社2012年版，第195页。

[2]《马克思恩格斯选集》第一卷，人民出版社2012年版，第403页。

富的源泉，一夜暴富者也不乏其人，可谓"金钱无主人"，这就是资本主义社会不可避免也不可克服的矛盾。

由于动荡带来社会的不断变化和震荡，俯仰之间皆成陈迹。正如《共产党宣言》指出的："一切固定的僵化的关系以及与之相适应的素被尊崇的观念和见解都被消除了，一切新形成的关系等不到固定下来就陈旧了。一切等级的和固定的东西都烟消云散了，一切神圣的东西都被亵渎了。"[1]

"三十年河东三十年河西"。资本主义社会每时每刻都上演着破产和暴富的悲剧和戏剧。正如马克思指出，在资本主义市场中上演的没有硝烟的商业战争和货币战争，丝毫不逊于封建社会的王朝战争。

联合——

全世界无产者，联合起来！[2]

——马克思、恩格斯《共产党宣言》

联合指的是全世界无产者的联合。在《共产党宣言》中，马克思发出了"全世界无产者联合起来"的口号，吹响了全世界无产者的集结号。

无产阶级就是以工匠为主的个体者，他们一盘散沙大多以流浪为生。无产者的联合是资产阶级造成的。从15世纪的羊吃人的圈地运动、宗教的驱逐、资产阶级对无产者的追杀、新航道的开辟和大工业

---

[1]《马克思恩格斯选集》第一卷，人民出版社2012年版，第403页。

[2]《马克思恩格斯选集》第一卷，人民出版社1995年版，第307页。

的发展，每一次大的社会变革都把无产者联合起来，分散的小作坊被工业生产线所代替，驱使无产者走到一起逐渐形成一个阶层，也使工人们由零散的个体的力量变成整体的力量，资产阶级有意无意间充当了"历史进步的鞭子"的角色。

随着历史向世界历史的转变，资产阶级的掘墓人就这样造就出来。只有联合才能形成力量，无产者曾多次进行罢工和起义，但由于缺少组织领导和革命理论的指引，势单力薄均遭到失败。实践证明，工人的联合才能形成强大的力量，动摇和摧毁统治阶级。因此在国际斗争中，马克思和恩格斯呼吁工人要联合起来，这种联合发展成为声势浩大的国际工人运动，声援波兰斗争，声援反抗西方列强侵略中国的斗争。1877年，美国爆发历史第一次大罢工，抗议工作日延长，最终迫使资本家退让，实行8小时工作制。1886年，美国工人又进行罢工，遭到镇压屠杀，引起全世界无产阶级的声援，马克思的女儿号召英国工人声援美国工人兄弟，从而引发全球的工人阶级斗争。每一次联合都使资产阶级扩大了自己的对立面，每一次联合都使无产阶级团结起来，为争取自己的自由而斗争。

马克思指出，我们知道个体的力量是微弱的，但我们还知道，整体的力量最强大。由于大工业的发展，无产阶级成为全球性，他们也意识到必须团结起来才能进行斗争，才能反抗全球性的资本压迫。马克思指出："社会化的人，联合起来的生产者，将合理地调节他们和自然之间的物质变换，把它置于他们的共同控制之下，而不让它作为一种盲目的力量来统治自己。"[1]

马克思指出："如果说无产阶级在反对资产阶级的斗争中一定要联合为阶级，通过革命使自己成为统治阶级，并以统治阶级的资格用暴力消灭旧的生产关系，那么它在消灭这种生产关系的同时，也就消灭了阶

---

[1]《马克思恩格斯文集》第七卷，人民出版社2009年版，第928页。

级对立的存在条件，消灭了阶级本身的存在条件，从而消灭了它自己这个阶级的统治。"[1]

只有联合才能解放无产者自己。在《资本论》第三卷手稿中，马克思认为劳动者的联合是实现劳动者解放的必要条件，是必然王国向自由王国跨越的手段。马克思指出："无产阶级只有在世界历史意义上才能存在，就像它的事业——共产主义一般只有作为'世界历史性的'存在才有可能实现一样。而各个个人的世界历史性的存在就意味着他们的存在是与世界历史直接联系的。"[2]因此，各国无产阶级在这种背景下都不可能独善其身、关起门来进行斗争，不联合起来就不能使自身获得解放。

马克思在《1844年经济学哲学手稿》中指出："当共产主义的手工业者联合起来的时候，他们的目的首先是学说、宣传等等。但是同时，他们也因此产生一种新的需要，即交往的需要，而作为手段出现的东西则成了目的。当法国社会主义工人联合起来的时候，人们就可以看出，这一实践运动取得了何等光辉的成果。吸烟、饮酒、吃饭等等在那里已经不再是联合的手段，或联络的手段。交往、联合以及仍然以交往为目的的叙谈，对他们说来已经足够了；人与人之间的兄弟情谊在他们那里不是空话，而是真情，并且他们那由于劳动而变得结实的形象向我们放射出人类崇高精神之光。"[3]

无产阶级和整个人类社会的命运是联系在一起的。无产阶级的解放要通过消灭阶级分化实现，并且不仅解放无产阶级，而且"把连同资本家在内的整个社会从现存关系的狭小范围中解放出来"，因此

---

[1]《马克思恩格斯文集》第二卷，人民出版社2009年版，第53页。

[2]《马克思恩格斯全集》第三卷，人民出版社1960年版，第40页。

[3]《马克思恩格斯全集》第四十二卷，人民出版社1979年版，第140页。

"无产阶级只有解放全人类才能最后解放自己"。

团结就是力量，中国古人就懂得这一道理。夏朝遗址勘探发现，有许多大小不一的部落遗址，专家认为这是部落联盟的最早象征，也是联合的象征。历史上每一次王朝更迭都显示出联合的力量。中国古代商朝末期，周武王联合800诸侯会师孟津会盟台，向商都朝歌发起了进攻，千舟竞发，大军渡过黄河，直捣朝歌，大战牧野，强大的商朝军队瞬时间灰飞烟灭。秦末，陈胜、吴广不满秦朝的残酷统治，振臂一呼，揭竿起义，王侯将相宁有种乎！很短时间联合各地农民和诸侯国，形成燎原之势，项羽、刘邦率大军攻占咸阳，使强大的秦王朝很快覆灭。

在长期的革命斗争和社会主义建设中，我们党联合一切可以联合的力量，结成广泛的统一战线，形成磅礴的力量。毛泽东曾说，搞政治就是使敌人少少的，朋友多多的。1939年10月，毛泽东在《〈共产党人〉发刊词》一文中，总结了两次国内革命战争的经验教训，揭示了中国革命的客观规律。指出："十八年的经验，已使我们懂得：统一战线，武装斗争，党的建设，是中国共产党在中国革命中战胜敌人的三个法宝，三个主要的法宝。"[1]

联合思想也是构建人类命运共同体的重要内容。在全球化的大潮中，任何一个国家都无法关起门来建设和发展，联合起来才能创造人类的美好未来。兄弟同心，其利断金。独行快，众行远。在构筑人类命运共同体的伟大斗争中，我们党更加注重联合，团结一切可以团结的力量，与世界人民一道同舟共济、共渡难关、合作共赢、和平发展，解决人类社会共同面临的问题，创造人类美好的家园。

---

[1]《毛泽东选集》第二卷，人民出版社1991年版，第606页。

竞争——

> 竞争是强有力的发条，它一再促使我们的日益陈旧而衰退的社会秩序，或者更正确地说，无秩序状况活动起来，但是，它每努力一次，也就消耗掉一部分日益衰败的力量。[1]
>
> ——恩格斯《国民经济学批判大纲》

　　竞争是资本主义社会特有的经济现象。资本主义竞争即在资本主义私有制和大机器生产的基础上，资本家为获得更多利润争夺有利的销售市场和投资市场而进行竞争，包括自由竞争和垄断竞争。自由竞争是垄断前资本主义阶段的前奏，垄断是竞争的必然结果，在剩余价值规律的作用下，资本家在商品买卖和资本投向等经营活动中不得不展开激烈的竞争。

　　竞争迫使资本家改进生产技术，提高劳动生产率，加速资本积累，促进社会生产力的发展。但同时又加剧了社会生产的无政府状态，加深了资本主义的各种矛盾，导致经济危机的一次次爆发，为资本主义发展到垄断阶段创造了条件。

　　无秩序的竞争造成资本主义社会剧烈动荡。资本主义竞争必然造成生产资料私有制和生产社会化矛盾的加剧，也为资本主义灭亡敲响了警钟。"竞争是经济学家的主要范畴，是他最宠爱的女儿，他始终娇惯和爱抚着她。"[2]

　　社会主义竞争是在国家计划指导下，社会主义企业之间在根本利

---

[1]《马克思恩格斯选集》第一卷，人民出版社2012年版，第46页。

[2]《马克思恩格斯选集》第一卷，人民出版社2012年版，第33页。

益一致基础上进行的竞争，它们通过竞争优胜劣汰，提高生产效率，获取更多的经济效益，与资本主义竞争有着本质的区别。一是竞争的目的和手段不同。资本家之间竞争是为了获取高额利润，为达到此目的而不择手段，损人利己、尔虞我诈甚至使用暴力；社会主义企业进行竞争是为了让商品生产者和经营者在市场上直接接受消费者的评判和检验，胜优劣汰。二是竞争的性质不同。资本家之间的竞争是弱肉强食你死我活的斗争，竞争带来对工人的进一步剥削；社会主义商品生产者之间的竞争是在国家计划和法定管理下进行的有秩序的竞争，以鼓励先进鞭策落后，促进生产力的发展。三是竞争的作用和后果不同。资本主义竞争造成社会生产的无政府状态，导致社会经济危机，加深资本主义基本矛盾，这种矛盾必然为劳动人民生活带来危机；社会主义竞争主要是改进技术，改善经营管理，进一步改革开放，克服阻碍生产发展的各种障碍，使竞争者的积极性得到发挥，社会生产力得到提高，对于可能出现的某些消极现象，可以通过经济的行政和法律的手段进行监督管理和引导，保证竞争有序进行。

暴力——

暴力在历史中还起着另一种作用，革命的作用；暴力，用马克思的话说，是每一个孕育着新社会的旧社会的助产婆；它是社会运动借以为自己开辟道路并摧毁僵化的垂死的政治形式的工具。[1]

——恩格斯《反杜林论》

---

[1]《马克思恩格斯选集》第三卷，人民出版社2012年版，第564页。

暴力革命是马克思提出的一个重要观点。在19世纪中期，工人运动处于高涨、无产阶级和资产阶级斗争日益尖锐的时候，马克思和恩格斯从当时形势出发，提出无产阶级只有用暴力打碎资产阶级国家机器，才能夺取政权取得革命胜利。

阶级斗争发展到一定程度必然引起社会革命，革命是阶级斗争的最高形式，其实质是先进阶级推翻反动阶级的统治，用新的社会制度代替旧的社会制度，解放生产力。革命的根本问题是国家政权问题，国家政权从反动阶级手里转到革命阶级手里，是实现革命的首要的基本的标志。

面对资产阶级对无产阶级的残酷镇压，无产阶级只有用暴力打碎资产阶级国家机器，才能取得革命胜利。面对你死我活的阶级斗争，暴力革命只能是无产阶级的唯一出路。正像毛泽东所说，枪杆子里面出政权。

列宁继承了马克思主义的暴力革命学说，十月革命的伟大实践、阿芙乐尔号舰的炮声雄辩地证明，必须用暴力革命和武装斗争才能推翻旧的反动势力。列宁曾说："马克思主义者从来没有忘记，暴力将必然伴随着整个资本主义的彻底崩溃和社会主义社会的诞生。而且这种暴力将构成世界历史的一个时期，一个充满着各式各样战争的整个时代。"[1]

革命不是改良。是革命还是改良，是马克思主义者与机会主义者的分水岭。拉萨尔、蒲鲁东、巴枯宁、杜林、伯恩斯坦，这些机会主义者和修正主义者都否定从旧统治阶级手中夺取国家政权，主张用社会改良来反对社会革命，主张与资产阶级折中调和，用改良主义来实现革命任务。马克思与各种机会主义做坚决斗争，捍卫革命学说。马克思强调，革命必须夺取政权！

---

[1]《列宁选集》第三卷，人民出版社2012年版，第460页。

　　随着革命形势发生的变化，马克思、恩格斯对无产阶级斗争的策略也有新的认识，对以和平方式夺取政权有新的思考，认识到暴力革命不是无产阶级斗争的唯一出路，提出无产阶级革命可以采取合法的手段，运用和平方式进行斗争。马克思去世以后，德国社会民主党在议会选举中取得成功。恩格斯对以普选权为核心开展斗争的策略十分关注，根据新的情况，提出利用普选权开展合法的议会斗争也是无产阶级革命的一种方式，是德国工人阶级送给"世界各国的同志们一件新的武器——最锐利的武器中的一件武器"[1]。

---

[1]《马克思恩格斯选集》第四卷，人民出版社2012版，第388页。

第七部分
问题在于改变世界

　　拿破仑曾说："有两种力量可以改变世界，长剑和思想。"马克思是用一生奋斗改变世界的人，是思想家、革命家、政治家集于一身的人，他就是人世间的"普罗米修斯"。马克思主义不是经院的理论，不是束之高阁的理论，不是空想社会主义，而是实践的理论，是致力于改造世界的理论。他的思想穿越100多年的时空隧道让历史沸腾，影响和改变了整个世界。

改变——

　　哲学家们只是用不同的方式解释世界，而问题在于改变世界。[1]

——马克思《关于费尔巴哈的提纲》

---

[1]《马克思恩格斯选集》第一卷，人民出版社2012年版，第140页。

这是马克思墓前的座右铭，而他毕生所追求的也就是改变世界。作为革命家，他在年轻时就立下了"为人类工作，推翻旧世界"的雄心壮志。

在人类数千年的文明史上曾出现许多耀眼的哲学家，他们也提出过许多理论引人深思。然而，他们止步于革命实践面前，唯独马克思主义哲学高举改变旧世界的旗帜，在革命大潮中搏击风浪、勇往直前。

改变了世界历史进程

在马克思主义指引下，无产阶级革命运动成为社会主义的伟大实践。马克思主义先后指引多个国家推翻旧制度走上社会主义道路，改变了资本主义一统天下的局面。

在马克思主义指引下，俄国十月革命的胜利使第一个社会主义国家巍然屹立，殖民地半殖民地国家民族民主革命蓬勃发展，帝国主义力量的削弱，极大地鼓舞了世界各国人民，促进了世界社会主义运动的发展。第二次世界大战结束后，社会主义在世界范围内获得大发展，欧洲、亚洲、拉丁美洲先后一批批国家走上社会主义道路。

"马克思主义不仅深刻改变了世界，也深刻改变了中国。"以毛泽东为主要代表的中国共产党人，把马克思列宁主义基本原理同中国革命具体实际相结合，夺取了中国革命胜利。这是继十月革命之后20世纪最重大的事件，极大地壮大了世界社会主义力量。正是在马克思主义指导下，我们党把马克思主义基本原理同中国实际相结合，先后取得了新民主主义革命胜利、社会主义革命和建设事业的巨大成就，一个社会主义国家屹立在世界的东方。

习近平总书记在《纪念马克思诞辰200周年大会上的讲话》中指出："列宁领导的十月革命取得胜利，社会主义从理论变为现实，打破了资本主义一统天下的世界格局。"在世界社会主义取得重大发展的时期，社会主义国家的人口曾占世界人口的1/3，领土面积达世界陆地面积的1/4。

改变了工人阶级和广大劳动人民的命运

马克思主义实现了科学性与革命性的统一，第一次把社会主义建立在科学的基础上，奠定了人类解放的理论基础，使人类解放成为不可抗拒的人类社会发展的规律。马克思主义使全世界无产阶级肩负起改造世界的历史使命。马克思战斗在国际舞台，吹响无产阶级解放全人类的集结号，使国际运动风起云涌。

马克思主义是代表全世界无产阶级和广大劳动群众利益的科学理论。正像马克思、恩格斯在《共产党宣言》中所说的那样"过去的一切运动都是少数人的，或者为少数人谋利益的运动。无产阶级的运动是绝大多数人的，为绝大多数人谋利益的独立的运动"[1]。马克思主义的阶级性、人民性的特征决定了这一理论不是为少数剥削者服务的，而是代表全世界无产者和最广大人民利益的科学理论，是引领全世界无产者联合起来、推翻旧的剥削制度、建立社会主义和共产主义社会的科学理论。马克思主义指引被剥削被压迫的人民反抗剥削压迫，冲破宗教神学的束缚，把人的一切关系还给自己，争取解放和幸福。

且不说如今社会主义国家人民当家作主，西方一些社会，工人生活和福利待遇也有所改善和提高，政治权利和民主权利有所扩大，这一切都来自马克思主义革命理论的指引。德国著名文学家、诺贝尔文学奖获得者海因里希·伯尔曾写过一篇非常著名的短文《假如没有马克思》说道："须知：没有工人运动，没有社会主义者，没有他们的

---

[1]《马克思恩格斯文集》第二卷，人民出版社2009年版，第42页。

思想家，他的名字叫卡尔·马克思，当今六分之五的人口依然还生活在半奴隶制的阴郁的状态之中；没有斗争，没有起义，没有罢工，这需要发动，需要引导，资本家是连半步也不让的。西方世界理应感谢卡尔·马克思，尽管东方世界宣布信奉卡尔·马克思……没有马克思的理论，没有马克思为未来斗争所制定的路线，几乎不可能取得任何的社会进步。"

批判——

我指的就是要对现存的一切进行无情的批判，所谓无情，意义有二，即这种批判不怕自己所作的结论，临到触犯当权者时也不退缩。[1]

——马克思《摘自〈德法年鉴〉的书信》

小时候学历史，老师为了让大家记住马克思的出生年月日将其编成了一顺口溜："马克思一巴掌又一巴掌，打得资本家呜呜直哭。"这一下，同学们都牢牢记住了1818年5月5日这个特殊的日子，印象极其深刻。

马克思的"一巴掌又一巴掌"，就是马克思对资产阶级的批判，打得资产阶级呜呜直哭。

圣人无常师。马克思堪称批判大师，马克思主义本质上是批判的和革命的，马克思主义是在批判中诞生的，马克思始终高举批判的旗

---

[1]《马克思恩格斯全集》第一卷，人民出版社1956年版，第416页。

帜。马克思主义公开申明"要对现存的一切进行无情的批判"[1]。

批判现存的一切

马克思主义是从批判和斗争中不断发展成长起来的，批判资产阶级，批判宗教神学，批判各种机会主义，批判唯心主义和形而上学，使各种腐朽的、虚伪的、反动的思想无处可遁。

从第一次公开批判资本主义的《共产党宣言》到揭示剩余价值秘密、敲响资本主义丧钟的《资本论》；从批评黑格尔唯心主义的《黑格尔法哲学批判》到批判费尔巴哈机械唯物主义的《关于费尔巴哈的批判》；从批判蒲鲁东机会主义的《哲学的贫困》到批判巴枯宁的《论权威》；从批判机会主义者杜林的《反杜林论》到批判机会主义者福格特的《福格特先生》；从批判机会主义者拉萨尔的《哥达纲领批判》到批判资产阶级经济学家的《政治经济学批判》，这种批判精神贯穿了马克思的一生。

马克思曾用一个形象的比喻，他心目中的哲学家就像不停地在地底下进行挖掘的"土拨鼠"，像"土拨鼠"松动板结的地面一样批判现存的一切。

批判就是"把一切都公开"

在马克思眼中，批判就是粉碎"知识的密谋"，就是粉碎以"密谋"形式存在的知识，撤掉"遮羞布"，就是把批判对象物遮蔽的东西揭示出来，把一切都公开。批判的叙述方式同时也就是叙述的批判方式。

---

[1]《马克思恩格斯文集》第十卷，人民出版社2009年版，第7页。

恩格斯通过批判，公开英国资产阶级犯下的罪行。

资本主义为自己的"垄断"贴上了"传播文明""自由贸易"的标签，恩格斯通过考察自由贸易，戳穿了他们虚伪的伪装。

在批判旧世界中发现新世界

马克思曾说："我们必须彻底揭露旧世界，并积极建立新世界。"[1]

马克思不是为了批判而批判，不是简单的否定，而是在批判的同时还拯救、继承和改造，是在批判旧世界中发现新世界。马克思用彻底批判精神观察资本主义制度，从经济、政治、思想各方面多层次地揭露资本主义制度的矛盾和对抗，考察它的产生和演变，说明它的暂时性，但同时在批判资本主义中又发现和肯定资本主义的历史作用，也发现资本主义发展中孕育的新社会因素。

正如列宁所说："马克思的全部理论，就是运用最彻底、最完整、最周密、内容最丰富的发展论去考察现代资本主义。自然，他也就要运用这个理论去考察资本主义的即将到来的崩溃和未来共产主义的未来的发展。"[2]

---

[1]《马克思恩格斯全集》第四十七卷，人民出版社2004年版，第63页。

[2]《列宁全集》第三十一卷，人民出版社1985年版，第80页。

嘲讽——

（马克思，他的）额头高高隆起，棱角分明；头发乌黑，浓密；目光敏锐。嘴巴已形成了令他的对手极为害怕的嘲讽线条。[1]

——麦克莱伦《马克思传》

嘲讽是马克思的有力武器，对敌人、对黑暗社会、对腐朽没落思想和机会主义的无情嘲讽，是为了对现存的一切进行无情的批判。

资本主义社会是金钱社会，马克思无情地讽刺和揭露金钱社会。在《反革命在维也纳的胜利》一文中，马克思指出：武器能帮助反革命在全欧洲复活，金钱也会促使它在全欧洲死亡。欧洲的破产、国家的破产注定要把它的胜利化为乌有。在《神圣家族》一文中，马克思这样说："这种利益是如此强大有力，以至顺利地征服了马拉的笔、恐怖党的断头台、拿破仑的剑，以及教会的十字架和波旁王朝的纯血统。"[2]马克思还有一句更为形象的比喻，"刺刀尖碰上了尖锐的'经济'问题会变得象软绵绵的灯蕊一样"[3]。

在马克思的笔下，我们仿佛看到，在金钱的攻势下，这些至高无上的权威，一个个被征服了，无声地倒下了，刺刀也变得软绵绵了。

---

[1][英]戴维·麦克莱伦：《马克思传》，中国人民大学出版社2008年版，第163页。

[2]《马克思恩格斯全集》第二卷，人民出版社1957年版，第103页。

[3]《马克思恩格斯全集》第五卷，人民出版社1958年版，第543页。

金钱的威力来自资本对金钱的崇拜和贪婪。马克思用拟人化的手法嘲讽资本贪得无厌的本性，说："资本家小心翼翼地注视着这一点，正如他小心翼翼地注视着不让有一分钟不劳动而白白浪费掉一样。""资本是死劳动，它像吸血鬼一样，只有吮吸活劳动才有生命，吮吸的活劳动越多，它的生命就越旺盛。"[1]"商人。他们把货币崇拜牢牢掌握在自己的手中。他们尽心竭力地叫人们知道，一切商品，从而一切商品生产者，都应该毕恭毕敬地匍匐在货币面前。"[2]

"小心翼翼地注视""毕恭毕敬地匍匐"，在马克思无情的讽刺面前，金钱的丑恶本性被暴露无遗，它让人想起莎士比亚在《雅典的泰门》中说："金子！黄黄的、发光的、宝贵的金子！这东西，只这一点点儿，就可以使黑的变成白的，丑的变成美的，错的变成对的，卑贱变成尊贵，老人变成少年，懦夫变成勇士。"

军事独裁者路易·拿破仑·波拿巴是拿破仑的侄子，1851年他发动反革命复辟，上演了做皇帝的一幕。马克思巧妙和辛辣地予以讽刺，入木三分地揭露这个皇帝借用"死人拖住活人"的伎俩："一切已死的先辈们的传统，像梦魔一样纠缠着活人的头脑……他们战战兢兢地请出亡灵来给他们以帮助，借用它们的名字、战斗口号和衣服，以便穿着这种久受崇敬的服装，用这种借来的语言，演出世界历史的新场面。""它的真正统帅坐在营业所的办公桌后面，它的政治首领是肥头大耳的路易十八。资产阶级社会完全埋头于财富的创造与和平竞争，竟忘记了古罗马的幽灵曾经守护过它的摇篮。"[3]

---

[1]《资本论》第一卷，人民出版社2004年版，第228、269页。

[2]《马克思恩格斯文集》第四卷，人民出版社2009年版，第185—186页。

[3]《马克思恩格斯全集》第八卷，人民出版社1961年版，第121、122页。

马克思预料波拿巴玷污拿破仑一世名誉的下场，他接着指出："如果皇袍终于落在路易·波拿巴身上，那么拿破仑的铜像就将从旺多姆圆柱顶上倒塌下来。"[1]后来事态发展证明了马克思的预言，波拿巴第三当政期间，贪污舞弊盛行，沙文主义膨胀，对外发动战争，包括侵华的第二次鸦片战争，1870年挑起的普法战争，最终兵败被俘，成为名声扫地的末代皇帝。

马克思在对机会主义展开体无完肤的批判时，也常用讽刺的手法揭露和批判机会主义。马克思在论述"必须推翻使人成为被侮辱、被奴役、被遗弃和被蔑视的东西的一切关系"时，用了一个绝妙的讽刺：一个法国人对草拟中的养犬税发出了呼声："可怜的狗啊！人家要把你们当人看哪！"[2]把狗与人联系起来，名曰"把狗当人看"，实则是讽刺人人不平等的社会。

马克思讽刺机会主义分子福格特是"空话篓子"，讽刺机会主义分子蒲鲁东是"神圣的马屁精"；讽刺不学无术、夸夸其谈的拉萨尔。

马克思对旧社会制度和机会主义的批判所向披靡，堪称批判大师。他用嘲讽进行无情的揭露和批判，也是对真理的捍卫，批判和斗争的锋芒隐藏在辛辣的讽刺之中。

枯树枝——

正如，蜕下的蛇皮同蛇已经不再有有机联系一样，枯枝

---

[1]《马克思恩格斯文集》第二卷，人民出版社2009年版，第466页。

[2]《马克思恩格斯文集》第一卷，人民出版社2009年版，第11页。

同活的树也不再有有机联系了。[1]

——马克思《第六届莱茵省议会的辩论（第三篇论文）》

可别小看枯树枝，枯树枝与马克思主义有不解之缘。19世纪40年代，普鲁士正处在资本原始积累阶段，地主阶级对森林、草地进行大规模掠夺，农民因生活所迫不得不捡拾枯树枝为生。普鲁士政府为了保护地主贵族的利益，通过莱茵市议会出台了一个更严厉的法律，将捡拾枯树枝的农民也作为盗伐林木罪予以追究。此举引起人民惊慌，刚到《莱茵报》工作的马克思目睹普鲁士政府维护特权利益的行径，动摇了黑格尔"凡是存在的就是合理的"信条，也坚定了推翻黑暗统治社会的决心。枯树枝事件使年轻的马克思由唯心主义向唯物主义、由书生气十足的学生向革命者转变。为此，马克思发表文章抨击普鲁士政府，成为贫苦农民的首场辩护人，这是年轻的马克思走向社会的第一个角色。

我们根据资料将马克思辩论的要点归纳如下：

莱茵市议会：农民捡拾枯树枝是侵犯树木的犯罪，由于农民目无法律，这类案件急剧增多，必须用更加严厉的法律予以惩处。

马克思：你们通过了《林木盗窃法》，就是这个法律将农民捡拾枯树枝的行为作为盗伐林木罪来追究，每年因此被判刑的农民有数万人之多。

莱茵市议会：马克思先生，这有什么大惊小怪的！农民捡拾枯树枝就是侵占林木占有者的利益，就应当将他们绳之以法，法律难道对这些明目张胆侵占他人财产的行为能熟视无睹吗？

马克思：我要提醒的是，捡拾枯树枝与盗伐林木是两个完全不同的概念，不能把两者混为一谈。林木占有者占有的是林木，林木是他

---

[1]《马克思恩格斯全集》第一卷，人民出版社1995年版，第252页。

们的财产，但捡拾枯树枝的情况恰好相反，因为林木占有者只是占有树木本身，而从树上脱落下来的枯树枝已不属于树木的一部分，也不再是他们的财产，就如蛇蜕皮之后蛇与皮分开一样，所以，捡拾枯树枝不能算作盗窃。

莱茵市议会：没有林木哪来的枯树枝？就如同没有母鸡哪来的鸡蛋一样。

马克思：这是一个鸡蛋逻辑，如果这个逻辑成立，难道农民捡拾鸡蛋就能定做盗窃母鸡罪吗？

莱茵市议会：树枝和树木都属于林木，捡拾枯树枝不仅侵犯了林木，也侵犯了所有者的权利。

马克思：自古以来，农民就有在森林里捡拾枯树枝的权利，这是一种习惯权利，是合法的。这是由于农民所处的地位低下，这种权利还没有具备法律的形式，但其内容同法律形式并不相抵触，因此农民的行为并不违法。

莱茵市议会：农民有什么习惯权利？安分守己就是农民的习惯权利。

马克思：难道习惯权利只有贵族所有？实际上，贵族的习惯权利则是与普遍的法律形式相抵触的，是一种"习惯的不法行为"。贵族的等级习惯权利，就是一种传统的违法行动，问题的实质就是，林木占有者的习惯权利其实是压迫贫困人民的封建特权。

莱茵市议会：众所周知，每年有十几万农民捡拾枯树枝，如果法律纵容，那么将会引发农民大规模侵吞林木所有权并危害国家安全的后果。

马克思：这只能说明他们是被生活所逼，饥寒交迫的农民只有用枯树枝抵御严寒，这本身就是生活的不平等，本身就说明穷人的生存到了如此贫困的境地。

莱茵市议会：贫穷也不是穷人打劫的理由，他们侵犯林木占有者的利益，就是侵犯国家利益。

马克思：你们把林木占有者视为国家权威，在你们看来，林木占有者的利益应该成为左右整个机构的灵魂，一切国家机关都应该成为林木占有者的耳、目、手、足，为林木占有者的利益探听、窥视、估价、守护、逮捕和奔波，这一点你们做到了。可是，这样平等吗？也可以从中看出，你们标榜的自由、平等是何等的虚伪？

法律应该是人们自由的圣经，不应该是保护贵族利益的武器，我和你们的这场辩论焦点不是罪的问题，而是等级！

论战——

> 本书（《反杜林论》）是一部论战性的著作，我觉得，既然我的对手不能作什么修改，那我这方也理应不作什么修改。我只能要求有反驳杜林先生的答辩的权利。可是杜林先生针对我的论战所写的东西，我没有看过，而且如无特殊的必要，我也不想去看；我在理论上对他的清算已告结束。况且，杜林先生后来遭到柏林大学的卑劣的、不公正的对待，我对他更应当遵守文字论战的道义准则。[1]
>
> ——恩格斯《反杜林论》

马克思主义是在同各种错误思想、机会主义斗争中发展起来的，马克思的著作多有论战性。我们以辩论的形式再现马克思的批判精神。

---

[1]《马克思恩格斯选集》第三卷，人民出版社2012年版，第384页。

与空想共产主义者魏特林论战

空想共产主义者魏特林无情地抨击了资本主义的罪恶，并承认使用暴力推翻旧制度的必要性。魏特林根本不懂得共产主义是人类社会发展的必然结果，认为当时封建君主制的德国立即可以进入共产主义，反对德国无产阶级支持当时的民主革命；反对有组织的群众政治斗争，认为只要有英明果断的领袖出来，革命就可以在任何时候完成；根本不了解无产阶级的作用和地位，而依靠流氓无产阶级——乞丐、罪犯、强盗等来实现社会革命，马克思对魏特林的这种学说进行批评。

但魏特林却以"伟大人物"自居，绝不接受马克思、恩格斯的批判和帮助，并采取敌视态度，公开挑起原则争论。在这种情况下，马克思、恩格斯同魏特林进行了坚决斗争，并公开批判这种空想共产主义。《共产党宣言》明确指出："批判的空想的社会主义和共产主义的意义，是同历史的发展成反比的。阶级斗争越发展和越具有确定的形式，这种超乎阶级斗争的幻想，这种反对阶级斗争的幻想，就越失去任何实践意义和任何理论根据。"[1]

在批判的同时，马克思、恩格斯公开声明同他决裂，并向各地通讯委员会指出同魏特林斗争的必要性。不久，魏特林就脱离了革命。1847年6月被正义者同盟开除出党，这是国际无产阶级内部第一次取得的两条路线斗争的胜利，长期占统治地位的魏特林空想共产主义宣告结束。

---

[1]《马克思恩格斯文集》第二卷，人民出版社2009年版，第64页。

与"真正的"社会主义论战

"真正的"社会主义是19世纪40年代流行于德国的一种反动的小资产阶级社会主义思潮。"真正的"社会主义代表人物有：赫斯、格律恩、克利盖等。他们抹杀阶级矛盾，取消阶级斗争，鼓吹超阶级的"人类之爱"，把"爱"奉为解决社会问题的灵丹妙药，以此转移工人运动的斗争目标，维护危机重重的普鲁士王朝。这种思潮像瘟疫一般在德国流行起来，成为工人运动中最危险的敌人。

马克思、恩格斯合写了《德意志意识形态》一书，对"真正的社会主义"进行了深刻的揭露和批判，指出"真正的社会主义"是为萨克森王国政府的反动统治效劳的。"如果让德国无产阶级听从他的这一忠告，那末萨克森封建的、小资产阶级的、农民的、官僚主义的典型国家就可以长久安如磐石了。"[1]马克思、恩格斯又在《共产党宣言》中把它列为反动的社会主义并作了专节批判。

与蒲鲁东无政府主义论战

蒲鲁东反对资本主义大私有制，幻想小私有制永世长存。他认为只有用小私有制普遍代替资本主义大私有制，才能使无产阶级得到解放。他反对无产阶级革命，主张社会改良，企图通过组织各种合作社、集资开办工场和作坊，以及开办"交换银行"等办法，来摆脱资本主义剥削，从而建立一个政治关系和经济关系都平等的自由、互助社会。他反对一切国家和权威，鼓吹无政府主义，提出"打倒政党、打倒国家"的反动口号，主张个人只管自己，个人绝对自由；鼓吹改

---

[1]《马克思恩格斯全集》第三卷，人民出版社1960年版，第662页。

良，主张倒退的机会主义思潮。

马克思曾用科学共产主义的观点对蒲鲁东进行耐心的帮助和教育，但他拒不接受，反对无产阶级革命，反对马克思和恩格斯的共产主义世界观。1846年底，马克思在致安年柯夫的信中深刻地揭露了蒲鲁东的小资产阶级面目和唯心史观。在信中马克思说："蒲鲁东先生彻头彻尾是小资产阶级的哲学家和经济学家。"

1847年，马克思针对《贫困的哲学》专门写出批判著作《哲学的贫困》，系统地对蒲鲁东的政治、哲学和经济观点进行了批判，彻底揭穿了他为资产阶级效劳的反动面目。马克思说，蒲鲁东"既缺乏勇气，也没有远见，不能超出（哪怕是思辨地也好）资产者的眼界""他希望充当科学泰斗，凌驾于资产者和无产者之上，结果只是一个小资产者，经常在资本和劳动、政治经济学和共产主义之间摇来摆去"[1]。

马克思、恩格斯在《共产党宣言》中把蒲鲁东作为资产阶级的典型代表再次进行了批判。《共产党宣言》指出："资产阶级的社会主义就是这样一个论断：资产者之为资产者，是为了工人阶级的利益。"[2]

与拉萨尔主义论战

拉萨尔主义是19世纪60年代初在德国出现的机会主义派别。拉萨尔认为争取普选权是工人阶级获得政治解放的唯一道路，宣扬和平过渡，反对无产阶级的暴力革命和无产阶级专政。他恶毒地攻击农民和其他小资产阶级都是"反动的一帮"，以此粉饰他们同地主结成的联盟，反对工农联盟，破坏革命事业。

---

[1]《马克思恩格斯选集》第一卷，人民出版社1972年版，第122页。

[2]《马克思恩格斯文集》第二卷，人民出版社2009年版，第61页。

马克思、恩格斯对拉萨尔的这套反动理论和纲领进行了坚决批判和斗争。马克思说："拉萨尔事实上背叛了党。他同俾斯麦订立了一个正式契约。"[1]

拉萨尔鼓吹的无产阶级在资产阶级帮助下"共同迎来春天"的梦想终于被现实粉碎，资产阶级对工人阶级的残酷镇压说明两个阶级不可能调和。在铁的事实面前，拉萨尔干脆扔下政党独自跑到瑞士休养，直到在一次决斗中中弹死亡，年仅39岁。

与巴枯宁阴谋集团论战

巴枯宁是第一国际时期的阴谋家和两面派，无政府主义创始人之一，出生于沙俄的一个贵族家庭。巴枯宁从资产阶级人性论出发，主张"自由应当成为人类社会的政治和经济组织的唯一建立原则"，而"自由只能通过平等来实现"，所以应当要求"一切阶级和生活在世界上的一切人在政治、经济和社会方面平等"；为了实现"自由""平等"，就必须"无条件地排除任何权威的原则"。因此，他反对任何国家和权威。他恶毒地攻击无产阶级专政"比现存国家更加专制独裁"。他说："我痛恨共产主义，因为共产主义即是对自由的否定。"

1869年9月，马克思直接领导的国际第四次代表大会在巴塞尔召开。巴枯宁企图利用大会篡夺领导权，阴谋策划通过他们提出的废除继承权问题的决议案以篡改国际的政治方向，从而破坏总委员会。巴枯宁及其党徒加紧进行分裂活动，他表面"颂扬"马克思是"巨人"，暗地里污蔑马克思"专制""独裁"，是"阴谋家"。1870年，马克思为总委员会起草了《机密通知》，揭露了巴枯宁的两面手法和阴谋活动，逐一地驳斥他对总委员会的攻击和诽谤，在结尾马克思满怀信

---

[1]《马克思恩格斯选集》第四卷，人民出版社1972年版，第353页。

心地说："这个极端危险的阴谋家的手法，至少在国际的范围内，很快就要完蛋了。"[1]

海牙大会以后，巴枯宁分子进行疯狂反扑，他们在瑞士召开了分裂的"反权威主义"的代表大会，成立了"反权威主义"的"国际"，同时还宣扬无政府主义谬论。1873年，巴枯宁抛出《国家制度和无政府状态》，恶毒攻击和诽谤马克思主义。为了彻底清算巴枯宁主义，马克思和恩格斯写了《论权威》《社会主义民主同盟和国际工人协会》《巴枯宁〈国家制度和无政府状态〉一书摘要》等著作，彻底地揭露了巴枯宁及其阴谋集团的反革命面目，批判了巴枯宁主义的反动谬论。

与杜林主义论战

杜林是反动的资产阶级的思想家，他宣扬折中主义的哲学，贩卖资产阶级庸俗经济学，鼓吹普鲁士的社会主义，并一再无耻地吹嘘自己创造了完整的科学体系，达到了永恒的最后的"终极真理"。

马克思、恩格斯为了彻底揭穿杜林"新学说"的反动本质，决定"要不顾一切，批判杜林"[2]。恩格斯毅然中断了自然辩证法的研究，写成了《反杜林论》一书。该书不仅彻底批判了杜林的反动观点，而且第一次系统地阐明了马克思主义的三个组成部分。

恩格斯批判了杜林抽掉人的社会性和阶级性，从抽象的人性出发，宣传永恒道德、终极真理、绝对自由等谬论。针对杜林用暴力来揭示私有制和阶级起源，反对无产阶级革命的谬论，恩格斯指出，不

---

[1]《马克思恩格斯全集》第十六卷，人民出版社1964年版，第479页。

[2]《马克思恩格斯通信集》第四卷，生活·读书·新知三联书店1958年版，第500页。

是暴力产生私有制，而是私有制产生暴力；阶级是经济发展到一定阶段的产物，而不是暴力本身的产物。恩格斯还指出："暴力在历史中还起着另一种作用，革命的作用；暴力，用马克思的话说，是每一个孕育着新社会的旧社会的助产婆；它是社会运动借以为自己开辟道路并摧毁僵化的垂死的政治形式的工具。"[1]恩格斯的《反杜林论》一书粉碎了杜林一伙的反党阴谋，清除了杜林主义的思想影响。该书出版不久，杜林被剥夺了柏林大学的讲学资格，从此杜林也销声匿迹了，以他为代表的机会主义被击退。

宗教——

宗教本身是没有内容的，它的根源不是在天上，而是在人间，随着以宗教为理论的被歪曲了的现实的消失，宗教也将自行消亡。[2]

——《马克思致阿尔诺德·卢格》（1842年11月30日）

宗教的根源不在天上，而在人间。"南朝四百八十寺，多少楼台烟雨中"。这是中国南北朝宗教社会的一幅景象。

欧洲的中世纪同样是宗教神学的世纪，封建神学和宗教结合一起愚昧人们，其中影响最大的就是所谓"赎罪卷"。"赎罪卷"认为"人生来有罪"，耶稣为了人类而牺牲了自己，所以活着的人必须无

---

[1]《马克思恩格斯文集》第九卷，人民出版社2009年版，第191—192页。

[2]《马克思恩格斯选集》第四卷，人民出版社2012年版，第404页。

条件地偿还这种债务，这种债务极其神圣。这种宗教便是基督教。千年来它就像无形的铁链禁锢着人们的思想，使人们甘愿接受现实世界的苦难，忍受压迫，一切被压迫阶级一直受着这种精神的奴役。按照基督教道德的信条就是"打你左脸，你再把右脸给他"。这是压在人民头上的精神十字架。

于是，在19世纪70到80年代，降神术遍及欧美各国。

于是，人们都幻想着在世时老天给予幸福，死后也能进"天堂"，而不是下"地狱"，各家教义都按这一基本内容定出了自己的美好去处。道家是"轮回转世""因果报应"说；佛教是"极乐世界"说；基督教是"天堂地狱"说；天主教是"上天万能"说……

于是印度教徒安然卧于烈火之上自焚；俄罗斯教徒浸于冷水中，直到被冰冻上；中国教徒忍受饥饿，把虔诚献给自己顶礼膜拜的神或上帝……

漫长的中世纪的黑暗统治，堵塞了真理的河流。残酷的宗教制裁所、罗马广场的火刑，烧死了许多自然科学家和宣传无神论的战士。

但是人类认识真理、追求真理、探索科学的斗争，并没有因神学的禁锢而中断。

冲破神学束缚和压迫的伟大的时代终于到来了。马克思站在了与宗教神学斗争的前沿，用无产阶级哲学的科学理论挑战并战胜宗教神学，批判封建宗教思想，砸碎束缚人们思想的精神枷锁，戳穿愚弄人们的神话，如一道闪电射入德国的土地，照亮黑暗的夜空。

马克思致阿尔诺德·卢格的信中指出："宗教本身是没有内容的，它的根源不是在天上，而是在人间。"[1]马克思一针见血地指出了宗教赖以存在的根源。

---

[1]《马克思恩格斯全集》第二十七卷，人民出版社1972年版，第436页。

马克思指出:"人创造了宗教,而不是宗教创造人。就是说,宗教是还没有获得自身或已经再度丧失自身的人的自我意识和自我感觉……人就是人的世界,就是国家,社会。这个国家、这个社会产生了宗教,一种颠倒的世界意识,因为它们就是颠倒的世界……宗教里的苦难既是现实的苦难的表现,又是对这种现实的苦难的抗议。宗教是被压迫生命的叹息,是无情世界的情感,正像它是无精神活力的制度的精神一样。宗教是人民的鸦片。"[1] 因此,对宗教的批判就是对苦难世界的批判。

思想闪电——

思想的闪电一旦彻底击中这块素朴的人民园地,德国人就会解放成为人。[2]

——马克思《〈黑格尔法哲学批判〉导言》

宗教神学统治下的欧洲是黑暗的欧洲,由于科学技术的落后和人民的愚昧,无论塑造一种宗教信仰,或者努力打破一种宗教信仰,其目的都是把子民置于自己理想理论之卵翼的统治之下。统治阶级利用宗教神学愚弄和麻痹人民,他们宣传"人是上帝创造的""人受命于天",人类和世界上一切事物都是上帝的安排,人们应该心甘情愿地屈服上帝,这些说教使人们只能俯首听命于命运的奴役。

在旧世界,宗教是与神权结合在一起的,宗教强化了神权,神权

---

[1]《马克思恩格斯文集》第一卷,人民出版社2009年版,第3—4页。

[2]《马克思恩格斯文集》第一卷,人民出版社2009年版,第17—18页。

利用了宗教。因此宗教神权高于一切，国家机器都要服务于神权，神权至高无上不可挑战。欧洲等基督教国家的君主立宪制，皇族都是最虔诚的基督教徒，他们忠于教皇，皇权效忠于教权。宗教神学用无形的绳索束缚和奴役着劳动人民，从而使人们心甘情愿被压迫，丧失反抗斗志，以维护旧世界的统治。

能挑战这种宗教神权的是马克思的无产阶级哲学，是无产阶级哲学犹如一道闪电射入德国的土地。马克思指出："哲学把无产阶级当做自己的物质武器，同样，无产阶级也把哲学当做自己的精神武器。"[1]

马克思在《179号科伦日报社论》中说："任何真正的哲学都是自己时代精神的精华"，"人民最精致、最珍贵和看不见的精髓都集中在哲学思想里"[2]。在《〈黑格尔法哲学批判〉导言》中指出："这种批判撕碎锁链上那些虚幻的花朵，不是要人依旧戴上没有幻想没有慰藉的锁链，而是要人扔掉它，采摘新鲜的花朵。"[3]"哲学不消灭无产阶级，就不能成为现实；无产阶级不把哲学变成现实，就不能消灭自身。"[4]

马克思在这场论战中，把哲学与无产阶级的使命连接起来，把对天国的批判就变成了对尘世的批判，对宗教的批判就变成了对法的批判，对神学的批判就变成了对政治的批判，为推翻普鲁士封建专制提供了理论武器，为人民解放指明了前进的道路。

---

[1]《马克思恩格斯文集》第一卷，人民出版社2009年版，第17页。

[2]《马克思恩格斯全集》第一卷，人民出版社1956年版，第121、120页。

[3]《马克思恩格斯选集》第一卷，人民出版社2012年版，第2页。

[4]《马克思恩格斯选集》第一卷，人民出版社2012年版，第2、16页。

颠倒——

> 这个国家、这个社会产生了宗教，一种颠倒的世界意识，
> 因为它们就是颠倒的世界。[1]
>
> ——马克思《〈黑格尔法哲学批判〉导言》

马克思正本清源，把颠倒的理论颠倒过来，把颠倒的世界颠倒过来。

把颠倒的物质和存在的关系颠倒过来。不盲目崇拜的马克思，发现黑格尔辩证法的缺陷。黑格尔是唯心主义者，在他看来，事物及其发展是意识决定存在，而不是存在决定意识。"凡是现实的都是合理的"黑格尔这句名言是虚伪的命题。马克思说："辩证法在黑格尔手中神秘化了，但这决没有妨碍他第一个全面地有意识地叙述了辩证法的一般运动形式。在他那里，辩证法是倒立着的。必须把它倒立过来，以便发现神秘外壳中的合理内核。"[2]从而确立了"物质决定精神，存在决定意识"。

把颠倒的国家社会和市民社会的关系颠倒过来。按照黑格尔的观点，国家社会决定市民社会，国家社会凌驾于市民社会之上，而在现实的社会生活中国家的性质却是以财产所有制为前提的，因此，国家社会决定市民社会实质上就是财产所有制维护利益的工具。马克思在批判黑格尔的同时指出不是国家社会决定市民社会，而是市民社会决

---

[1]《马克思恩格斯文集》第一卷，人民出版社2009年版，第3页。

[2]《资本论》第一卷，人民出版社2004年版，第22页。

定国家社会。

把颠倒的资本主义"剥削合理"观念颠倒过来。黑格尔、费尔巴哈、蒲鲁东等人是这种思想体系颠倒性的代表，他们鼓吹资本主义剥削是合理的，资本主义制度是永恒的，而马克思通过批判这种理论，利用剩余价值观点揭示资本主义的剥削是建立在工人阶级的痛苦之上，指出资本主义存在的暂时性，资本主义制度必然被社会主义所代替，把颠倒的资本主义永恒观念颠倒过来。

把颠倒的"天命论"颠倒过来。马克思认为，这个国家、这个社会产生了宗教，一种颠倒的世界意识，因此他们就是颠倒的世界。宗教神学就是宿命论，它们鼓吹的"人的命天注定"就是企图让世世代代的劳苦大众忍受剥削压迫和奴役。马克思用无产阶级哲学砸碎束缚劳苦大众的精神枷锁，用思想的闪电照亮黑暗中的劳苦大众，用历史唯物主义的观点阐明人就是人的主人，不是神创造了人，而是人创造了神，使千百万被压迫和奴役的奴隶站了起来。

马克思主义通过"颠倒"就是把旧的世界颠倒过来，恢复真理本来面目，使人类得到解放。

杠杆——

分工，水力特别是蒸汽力的利用，机器装置的应用，这就是从上世纪中叶起工业用来摇撼世界基础的三个伟大的杠杆。[1]

——恩格斯《英国工人阶级状况》

---

[1]《马克思恩格斯文集》第一卷，人民出版社2009年版，第406页。

阿基米德曾说："给我一个杠杆，我就能撬起地球。"

马克思在经典著作中多次提到杠杆，杠杆主要是指科技和阶级斗争，这两大杠杆都推进了革命和变革。

科技的杠杆

马克思把目光投向19世纪刚兴起的科学革命，把科技看作是革命的力量，他将科技称为革命的"伟大杠杆"。正如恩格斯所说："在马克思看来，科学是一种在历史上起推动作用的、革命的力量。任何一门理论科学中的每一个新发现——它的实际应用也许还根本无法预见——都使马克思感到衷心喜悦。"[1]

马克思主义认为科技革命是社会发展的动力，是革命的杠杆，它能够推动人类社会的历史进程，每一次科技革命都带来生产力的发展，生产方式的不断变革推动着历史前进，在马克思看来，电、风力和其他科技革命的成果都是革命的杠杆。

资产阶级利用技术革命的杠杆不仅创造出前所未有的财富并借以推翻了封建制度的基础，而且启动了现代社会阶级对抗和革命风暴的序幕。

马克思从技术革命预测到资本主义必然被无产阶级所代替的规律。马克思称革命是"助产士"，科技是"大杠杆"。恩格斯在《自然辩证法》中指出，马克思相信在从资本主义向社会主义过渡的历史进程中，革命所起的作用将帮助在资本主义母体中成熟起来的社会主义胚胎分娩出来，而科学和技术则是推动历史前进的有力的杠杆。如果说手推磨产生的是封建主的社会，蒸汽磨产生的是工业资本家的社

---

[1]《马克思恩格斯文集》第三卷，人民出版社2009年版，第602页。

会的话，那么以信息技术为核心的新科技革命所引起的社会变革最终产生的将是工人阶级主导的新社会。科技促生了资本主义，但最终却无法挽救资本主义。

如果说粗糙的物质生产方式是人类社会的源头，那么科技革命的到来则加速人类社会的发展；如果说粗糙的人类物质生产方式开辟了人类历史的源头时代，那么科技创新则开辟了人类社会发展的新时代，更加证明了和充实了人创造历史的论断。

阶级斗争的杠杆

革命是历史的火车头，阶级斗争是社会发展的动力。这是因为，革命摧毁历史前进的绊脚石，开通生产力发展和社会进步的道路。社会革命是阶级社会由低级向高级发展的决定性手段。当生产关系和生产力、上层建筑和经济基础发生尖锐冲突的时候，生产力的扩张必然冲破旧社会的外壳，而这种冲破就是阶级斗争。只有通过社会革命，才能推翻旧的国家政权，建立新的国家政权，消灭旧的生产关系，建立或确立新的生产关系，从而用新的更高的社会形态代替旧的社会形态，为解放和发展生产力扫清道路。

马克思、恩格斯指出："将近四十年来，我们都非常重视阶级斗争，认为它是历史的直接动力，特别是重视资产阶级和无产阶级之间的阶级斗争，认为它是现代社会变革的巨大杠杆；所以我们决不能和那些想把这个阶级斗争从运动中勾销的人们一道走。"[1]

列宁提出："马克思主义提供了一条指导性的线索，使我们能在这种看来扑朔迷离、一团混乱的状态中发现规律性。这条线索就是阶

---

[1]《马克思恩格斯选集》第三卷，人民出版社1972年版，第374页。

级斗争的理论。"[1]

试金石——

自然界是检验辩证法的试金石。[2]

——恩格斯《社会主义从空想到科学的发展》

19世纪上半叶，在工业革命的推动下，自然科学也取得了重大突破，特别是能量守恒和转化定律、细胞的发现和进化论的问世，这些成为19世纪自然科学的三大发现，标志着人类对整个自然界的认识达到了一个新的高度。恩格斯敏锐地认识到，自然科学将带来一场新的革命。

恩格斯在《路德维希·费尔巴哈和德国古典哲学的终结》中指出："在本世纪，自然科学本质上是整理材料的科学，是关于过程、关于这些事物的发生和发展以及关于联系——把这些自然过程结合为一个大的整体——的科学……所有这些科学都是我们这个世纪的产儿。"[3]

恩格斯在《社会主义从空想到科学的发展》中说："所有这些过程和思维方法都是形而上学思维的框子所容纳不下的。……自然界是检验辩证法的试金石，而且我们必须说，现代自然科学为这种检验提

---

[1]《列宁选集》第二卷，人民出版社2012年版，第426页。

[2]《马克思恩格斯文集》第三卷，人民出版社2009年版，第541页。

[3]《马克思恩格斯文集》第四卷，人民出版社2009年版，第299—300页。

供了极其丰富的、与日俱增的材料，并从而证明了，自然界的一切归根到底是辩证地而不是形而上学地发生的；自然界不是循着一个永远一样的不断重复的圆圈运动，而是经历着实在的历史。"[1]马克思总是从事物的联系、连接、运动、产生和消亡的过程进行考察。

18世纪，德国古典哲学家康德从天文学研究中取得了历史性的发现，他关于目前所有的天体都从旋转的星云团产生的学说，是从哥白尼以来天文学取得的最大进步，给僵化的自然观打开第一个缺口，认为自然界在时间上没有任何历史的那种观念第一次被动摇了。

春江水暖鸭先知。列宁指出："自然科学的最新发现，如镭、电子、元素转化等，都出色地证实了马克思的辩证唯物主义。"[2]

自然界运动变化的规律支持了辩证法，在辩证法面前没有绝对的、静止的、永恒不变的东西，形而上学的世界观和宗教观动摇了，资本主义是永恒的谬论被戳穿了。

幽灵——

一个幽灵，共产主义的幽灵，在欧洲游荡。[3]

——马克思、恩格斯《共产党宣言》

这是《共产党宣言》的开场白。《共产党宣言》首次提出了共产主义，《共产党宣言》接着指出："为了对这个幽灵进行神圣的围

---

[1]《马克思恩格斯文集》第三卷，人民出版社2009年版，第541页。

[2]《列宁选集》第二卷，人民出版社2012年版，第310—311页。

[3]《马克思恩格斯文集》第二卷，人民出版社2009年版，第30页。

剿，旧欧洲的一切势力，教皇和沙皇、梅特涅和基佐、法国的激进派和德国的警察，都联合起来了。有哪一个反对党不被它的当政的敌人骂为共产党呢？又有哪一个反对党不拿共产主义这个罪名去回敬更进步的反对党人和自己的反动敌人呢？"[1]

《共产党宣言》揭示了社会主义必然代替资本主义的客观规律，揭示出共产主义作为人类解放的崇高目标一定会实现。马克思和恩格斯对共产主义的论证建立在对人类社会基本矛盾分析的基础之上。人类社会经历了原始社会、奴隶社会、封建社会和资本主义社会，必然要实现社会主义和共产主义。十月革命的胜利、中国革命的胜利改变了资本主义一统天下的局面，开创了社会主义革命的新纪元。如今，共产主义从一百多年前的幽灵成为磅礴于全世界的革命实践。共产主义尽管距我们十分遥远，但共产主义作为一种运动不可阻挡地向前发展，也体现在我们现阶段的实践之中。世界社会主义的伟大实践正在朝着这一目标前进。

中国特色社会主义就是向共产主义迈进的过程。习近平总书记在庆祝中国共产党成立95周年大会上强调："坚持不忘初心、继续前进，就要牢记我们党从成立起就把为共产主义、社会主义而奋斗确定为自己的纲领，坚定共产主义远大理想和中国特色社会主义共同理想，不断把为崇高理想奋斗的伟大实践推向前进。"

无论道路多么曲折坎坷，人类必然走向共产主义。我们要坚定对中国特色社会主义和共产主义的信心，一步一个脚印地向前迈进，一代一代地为之奋斗。

---

[1]《马克思恩格斯文集》第二卷，人民出版社2009年版，第30页。

独立宣言——

> 这是地球从来没有经历过的最伟大的一次革命。自然科学也就在这一场革命中诞生和形成起来，它是彻底革命的，它和意大利伟大人物的觉醒的现代哲学携手并进，并把自己的殉道者送到了火刑场和牢狱。……这时候，自然科学也发布了自己的独立宣言。[1]
>
> ——恩格斯《自然辩证法》

我们是大自然，今天委托我们的学科——自然科学代表我们发表独立宣言。自从我们问世以来，我们的身份一直众说纷纭，我们也被蒙在鼓里，我们从何而来？我们究竟是什么？我们要到哪里去？

我们只知道，我们的祖先的祖先的祖先说，我们是上帝创造的，我们的一切都是上帝赋予的，上帝啊，上帝！

可是在15世纪，人类竟敢冒犯上帝，那个叫哥白尼的人发现了"日心说"，挑战了以地球为中心的学说。因为长期以来，教会利用地心说来说明上帝创造世界，说明上帝创造一切都是为了地球上的人类，所以有意把地球摆在宇宙的中心。而现在，被捧为宇宙中心的地球却沦为一个普通行星，"上帝这个不可动摇的偶像也就随之倒台了"。"日心说"不仅引起了人类认识史上的变革，更可怕的是动摇了宗教的自然观支柱，宗教的世界观也随之动摇了。

接着到了18世纪，德国古典哲学家康德又跳了出来，他从天文学

---

[1]《马克思恩格斯全集》第二十卷，人民出版社1971年版，第533页。

研究中又取得了新的发现，他宣称，关于目前所有的天体都是从旋转的星云团产生的，原来宇宙和天体也不是上帝创造的，是从星云团中产生而来的，星云团还是"旋转的"，真是让人不可思议，犹如石破天惊，人类再次轰动了！

哥白尼以来，天文学取得的最大进步是给僵化的自然观打开第一个缺口，认为"上帝创造一切"的观念被动摇了，自然界在时间上没有任何历史的那种观念也被动摇了。

我们更没有想到是，我们身份的证明会给人类社会带来如此巨大的变化，这来自马克思和恩格斯。这两位德国人站出来支持哥白尼、康德和达尔文。恩格斯称哥白尼的《天体运行论》是自然科学从宗教下面解放出来的独立科学，和马克思、恩格斯同一时代的达尔文更受到他们的支持。自然科学理论成为马克思唯物主义的基石。于是，我们看到：

在科学的猛攻之下，一个又一个部队放下了武器，一个又一个城堡投降，直到最后，自然界无限的领域都被科学所征服。由于我们身份的证明没有给造物主留下立锥之地，笼罩在欧洲上空神学的雾霾被科学的闪电驱散了，"上帝之手"被无情地斩断，上帝的神像在科学面前轰然倒塌。

瞧！我们成了一支多么威猛的部队，我们能有如此大的力量！

后来，随着科学的发展和进步，我们的身世被最后确认。我们也是有生命的。地球距今已有46亿年历史了，它刚形成的时候到处都是火海，从火山中喷发出大量气体，在以后数亿年弥漫空气中的无机分子在火山、闪电和太阳紫外线能量的作用下，逐渐聚合成大分子的化合物，形成核酸，进而发育演化，具有自己获取营养和复制能力，蛋白质诞生了，生命诞生了，这就是我们的身世。

原来我们不是上帝创造的，那些说我们是上帝创造的统治者是利用我们愚弄人们罢了。马克思用我们支持了辩证法，支持了革命的理论，一切僵化的、形而上学的观念和上帝创造一切、主宰一切的神学束缚被无情地打破了。

正如马克思、恩格斯生前所预言的，自然科学就是要按自然界的本来面目来认识自然，凡是不符合自然界本来面目的都将被纠正，在这个发现的影响和带动下，自然科学其他各个领域都纷纷与宗教决裂，大踏步地前进了。

我们终于知道，马克思、恩格斯利用科学对我们的发现和研究，都是为了戳穿一个神话。

但是，为了证明我们的身世，有许多人献出了生命。哥白尼被统治阶级迫害而死，在他死后，他的支持者乔尔丹诺·布鲁诺，意大利思想家、自然科学家、哲学家和文学家，由于捍卫和发展哥白尼的"太阳中心说"，1592年被捕入狱，最后被宗教裁判所判为"异端"烧死在罗马鲜花广场。物理学家、天文学家伽利略也因用天体物理科学冒犯神学被罗马教廷残忍处死。

为了让我们身世的证明，让我们从上帝之手解脱出来，人们竟付出了如此惨痛的代价，原来科学和神学竟如此的水火不容！

从"星云团说"到"日心说"再到进化论，推翻了近千年形成的神学说教，马克思的学说同他们的学说一样都具有颠覆性的，都是为了人类的解放。当马克思、恩格斯逝世100多年后，我们终于站在了宗教神学的废墟之上，我们终于能为解放人类贡献应有的力量。

为此，我们宣言：我们与人类站在一起，我们与宗教神学决裂，我们不再为统治者卖命，我们不再成为统治者愚弄人们的工具。为了解放人类，我们宁肯粉身碎骨！

以上就是我们的宣言，空口无凭，以宣言为证。

第八部分
革命是历史的火车头

人类解放是马克思终生追求的目标，也是马克思学说的核心。推翻黑暗的社会制度，改变劳动者和无产阶级被压迫、被奴役、被剥削、被歧视的命运，是马克思毕生的使命。实现公平正义，实现人与自然、人与社会的和谐共生，实现人的自由全面发展，这是马克思为人类描绘的美好前景。从马克思主义到习近平新时代中国特色社会主义思想，人类解放的旗帜被高高举起。

阶级斗争——

至今的全部历史都是在阶级对立和阶级斗争中发展的；统治阶级和被统治阶级，剥削阶级和被剥削阶级是一直存在的；大多数人总是注定要从事艰苦的劳动而很少能得到享受。[1]

——恩格斯《卡尔·马克思》

---

[1]《马克思恩格斯选集》第三卷，人民出版社2012年版，第724页。

阶级和阶级斗争理论是马克思主义的重要内容。

阶级斗争是历史发展的动力

马克思认为阶级的产生与利益有关。阶级斗争首先是为了经济利益而进行的。列宁指出："所谓阶级，就是这样一些集团，由于它们在一定社会经济结构中所处的地位不同，其中一个集团能够占有另一个集团的劳动。"[1]利益是阶级的核心，也是阶级斗争的动力。

人类社会的历史就是生产方式的发展史，阶级斗争是阶级社会发展的直接动力。生产方式的矛盾运动在阶级社会里表现为阶级矛盾和阶级斗争。统治阶级对劳动人民和无产阶级的剥削和压迫必然引起他们的反抗，必然发展成为阶级斗争，只有通过阶级斗争才能推翻资产阶级的生产关系，解决资本主义生产方式的内部矛盾，实现生产方式的变革和人类的解放。正如马克思指出："被压迫阶级的存在就是每一个以阶级对抗为基础的社会的必要条件。因此，被压迫阶级的解放必然意味着新社会的建立。要使被压迫阶级能够解放自己，就必须使既得的生产力和现存的社会关系不再能够继续并存。"[2]

阶级斗争必然导致无产阶级专政

马克思政治学说的核心是他关于无产阶级和无产阶级专政的学说。阶级斗争必然导致无产阶级专政。

1852年，马克思在致约瑟夫•魏德迈的信中讲得非常清楚："至

[1]《列宁专题文集·论社会主义》，人民出版社2009年版，第145页。

[2]《马克思恩格斯文集》第一卷，人民出版社2009年版，第655页。

于讲到我，无论是发现现代社会中有阶级存在或发现各阶级间的斗争，都不是我的功劳。在我以前很久，资产阶级历史编纂学家就已经叙述过阶级斗争的历史发展，资产阶级经济学家也已经对各个阶级作过经济上的分析。我所加上的新内容就是证明了下列几点：（1）阶级的存在仅仅同生产发展的一定历史阶段相联系；（2）阶级斗争必然导致无产阶级专政；（3）这个专政不过是达到消灭一切阶级和进入无阶级社会的过渡……"[1]

无产阶级专政是阶级斗争发展的必然，因为资产阶级的反抗必然导致无产阶级对资产阶级专政。马克思在《哥达纲领批判》中指出："在资本主义社会和共产主义社会之间，有一个从前者变为后者的革命转变时期。同这个时期相适应的也有一个政治上的过渡时期，这个时期的国家只能是无产阶级的革命专政。"[2]

马克思还指出："这种社会主义就是宣布不断革命，就是无产阶级的阶级专政，这种专政是达到消灭一切阶级差别，达到消灭这些差别所由产生的一切生产关系，达到消灭和这些生产关系相适应的一切社会关系，达到改变由这些社会关系产生出来的一切观念的必然的过渡阶段。"[3]

无产阶级专政是无产阶级战胜资产阶级、共产主义战胜资本主义的根本保证，是资本主义向共产主义社会过渡的必由之路，无产阶级在夺取政权以后，必须建立自己的政治统治，即无产阶级专政。

---

[1]《马克思恩格斯文集》第七卷，人民出版社2009年版，第106页。

[2]《马克思恩格斯选集》第三卷，人民出版社1972年版，第21页。

[3]《马克思恩格斯选集》第一卷，人民出版社1972年版，第479—480页。

阶级斗争是马克思主义的重要原则

阶级斗争既是马克思主义学说的精髓，又是马克思主义的重要原则，是否坚持阶级斗争和无产阶级革命，是马克思主义和一切机会主义、修正主义的"分水岭"。马克思、恩格斯指出："将近四十年来，我们都非常重视阶级斗争，认为它是历史的直接动力，特别是重视资产阶级和无产阶级之间的阶级斗争，认为它是现代社会变革的巨大杠杆；所以我们决不能和那些想把这个阶级斗争从运动中勾销的人们一道走。"[1]

也正因为马克思坚持阶级斗争，引起一切敌对势力、机会主义、修正主义的反对和歪曲。他们攻击马克思主义是"恐怖"，是"洪水猛兽"，连马克思也被说成是"青面獠牙"。

应当指出，马克思重视阶级斗争，但最终目的是人类的解放，阶级斗争理论只是实现人类解放的手段，那些认为马克思主义宣扬的是恐怖、血腥，挑起的是"无谓的斗争"，这种说法是对马克思主义的歪曲。当然，马克思和恩格斯对资产阶级后期自我调节、自我完善能力估计不足，对资本主义制度灭亡的周期性估计不足，这是受当时的历史局限制约所决定的，但资本主义必然被社会主义和共产主义所代替的规律不可抗拒。至于我国在"文化大革命"期间对阶级斗争扩大化的错误做法，片面和脱离实际地提出了"以阶级斗争为纲""无产阶级专政下继续革命"的理论，影响了社会经济发展，这是我们脱离中国实际、死搬教条所造成的。

阶级斗争学说是马克思揭开人类社会发展历史的一把钥匙，马克思主义人类解放的学说正是建立在推翻剥削和压迫阶级的基础之上，

---

[1]《马克思恩格斯选集》第三卷，人民出版社1972年版，第374页。

马克思阶级斗争理论的地位和作用不容置疑、不能否定。

剥夺——

> 资本的垄断成了与这种垄断一起并在这种垄断之下繁盛
> 起来的生产方式的桎梏。生产资料的集中和劳动的社会化，
> 达到了同它们的资本主义外壳不能相容的地步。这个外壳就
> 要炸毁了。资本主义私有制的丧钟就要响了。剥夺者就要被
> 剥夺了。[1]
>
> ——马克思《资本论》

生命、健康和自由本来属于每一个人的，但资本家在对劳动者使
用时剥夺了劳动者的健康、自由和生存的条件，甚至剥夺了生活。马
克思用"剥夺"一词揭示了资本家对劳动者的剥削和压迫。

对健康生命的剥夺

资本主义不仅破坏土地的自然力，而且破坏人类的自然力，即劳
动力。资本主义"一开始就同时是对劳动力的最无情的浪费和对劳
动发挥作用的正常条件的剥夺"，在资本主义工场手工业中，"女
工或未成熟工人的身体还被丧尽天良地置于有毒物质等等的侵害之
下""贫困剥夺了工人必不可少的劳动条件——空间、光线、通风设

---

[1]《马克思恩格斯全集》第二十三卷，人民出版社1972年版，第831—
832页。

备等等。"[1] 马克思在谈到纺织厂工厂主的时候说，在资本主义生产方式下，一切以颠倒了的方式表现出来，"工人的肺结核和其他肺部疾病是资本生存的一个条件"[2]。在这里，马克思用触目惊心的事实对资本主义迫害工人，特别是女工和童工，破坏生态环境，作了无情地揭露和尖锐地批判。

对劳动时间的剥夺

马克思揭露资本家通过延长工作日压榨工人，指出："资本由于无限度地盲目追逐剩余劳动，像狼一般地贪求剩余劳动，不仅突破了工作日的道德极限，而且突破了工作日的纯粹身体的极限。它侵占人体的成长、发育和维持健康所需要的时间。它掠夺工人呼吸新鲜空气和接触阳光所需要的时间。它克扣吃饭时间，尽量把吃饭时间并入生产过程本身，因此对待工人就像对待单纯的生产资料那样，给他饭吃，就如同给锅炉加煤、给机器上油一样。"[3]

马克思还指出："通过延长工作日，不仅使人的劳动力由于被夺去了道德上和身体上正常的发展和活动的条件而处于萎缩状态，而且使劳动力本身未老先衰和过早死亡。"[4]

对自由的剥夺

自由是人的本质。资本主义剥夺人的自由，它造成劳动者人身依

[1]《资本论》第一卷，人民出版社2004年版，第532页。

[2]《资本论》第一卷，人民出版社2004年版，第555页。

[3]《马克思恩格斯文集》第五卷，人民出版社2009年版，第306页。

[4]《马克思恩格斯选集》第二卷，人民出版社2012年版，第192页。

附和等级关系，使劳动者处于卑贱和非人的地位，失去自由和尊严。

资产阶级对工人的剥夺最终必然导致工人阶级的反抗和斗争，从而摧毁资本主义的生产关系，资产阶级就从剥夺者变成被剥夺者。

炸毁——

> 封建的所有制关系，就不再适应已经发展的生产力了。这种关系已经在阻碍生产而不是促进生产了。它变成了束缚生产的桎梏。它必须被炸毁，它已经被炸毁了。[1]
>
> ——马克思、恩格斯《共产党宣言》

"推翻""炸毁""崩溃""摧毁""炸开"这些词语在马克思经典著作中经常出现，它们表明的都是被剥削、被压迫的阶级推翻剥削和压迫阶级的行为。

资本主义社会被"炸毁"和"炸开"来自资本主义社会内部产生的一切交往关系和生产关系。马克思一再强调，未来社会的产生是以现存的"物质和精神条件的发展为前提"的，资产阶级社会内部产生的"一切交往关系和生产关系"，是"炸毁这个社会的地雷"，是未来社会产生的现实基础。

资本主义社会"炸毁""炸开"之所以是必然的，就在于马克思用历史唯物主义分析资本主义社会矛盾，这种矛盾决定了资本主义社会的命运。《共产党宣言》中指出"生产资料的集中和劳动的社会化，达到了同它们的资本主义外壳不能相容的地步。这个外壳会被炸

---

[1]《马克思恩格斯选集》第一卷，人民出版社2012年版，第405页。

开"。

马克思还指出："无产者只有废除自己的现存的占有方式，从而废除全部现存的占有方式，才能取得社会生产力。无产者没有什么自己的东西必须加以保护，他们必须摧毁至今保护和保障私有财产的一切。"[1]

无论"炸毁"还是"崩溃"，都是资本主义生产方式矛盾的必然结果，也是社会发展的必然规律。正如列宁指出："马克思的全部理论，就是运用最彻底、最完整、最周密、内容最丰富的发展论去考察现代资本主义。自然，他也就要运用这个理论去考察资本主义的即将到来的崩溃和未来共产主义的未来的发展。"[2]新的世界将在旧世界的崩溃中诞生，共产主义也将在资本主义的崩溃中实现。

革命——

革命是历史的火车头。[3]

——马克思《1848年至1850年的法兰西阶级斗争》

"革命"二字在中国历史上早有出现，"汤武革命，顺乎天而应于人""王侯将相宁有种乎""水可载舟亦可覆舟"，中国古代的革命论包含有朴素的辩证法，这种革命论是推动中国历史发展的重要力量。马克思作为革命家，他的革命思想贯穿了他的一生，马克思主义

[1]《马克思恩格斯选集》第一卷，人民出版社1995年版，第283页。

[2]《列宁全集》第三十一卷，人民出版社1985年版，第80页。

[3]《马克思恩格斯文集》第二卷，人民出版社2009年版，第160页。

在本质上是批判的和革命的。

革命是历史的火车头

"不是战斗，就是死亡；不是血战，就是毁灭。问题的提法必然如此。"[1]

革命是实现社会形态变更的决定性环节。为什么马克思要把革命比作"历史的火车头"？这是因为，革命摧毁历史前进的绊脚石，开通生产力发展和社会进步的道路，在一定的时期它是历史发展的主要动力。"革命是历史的火车头"这句话形象而深刻地说明了革命在社会发展中的作用。社会革命是阶级社会由低级向高级发展的决定性手段。当生产关系和生产力、上层建筑和经济基础发生尖锐冲突的时候，只有通过社会革命，才能推翻旧的国家政权，建立新的国家政权，消灭旧的生产关系，建立或确立新的生产关系，从而用新的更高的社会形态代替旧的社会形态，为解放和发展生产力扫清道路。

阶级斗争发展到一定程度必然引起社会革命，革命是阶级斗争的最高形式，其实质是先进阶级推翻反动阶级的统治，用新的社会制度代替旧的社会制度，解放生产力。革命的根本问题是国家政权问题，国家政权从反动阶级手里转到革命阶级手里，是实现革命的首要的基本的标志。

无产阶级革命和无产阶级专政是马克思主义革命理论的重要内容，马克思曾说"革命是历史的火车头"，列宁早在1905年就指出"革命是被压迫者与被剥削者的盛大节日。民众在其他任何时候都不如革命时期这样能表现为新社会制度的积极创造者"。

---

[1]《马克思恩格斯选集》第一卷，人民出版社1972年版，第161页。

革命就是颠覆

我们应该明确地指出，革命不是一种理性的塑造，不应立足于权力争夺基础之上，而应根本地颠覆这种生产关系本身，我们同意这样的判断。

革命就是对旧世界的颠覆，就是对旧世界传统观念的颠覆，就是对旧世界的批判和改造，就是人类历史上的伟大变革。革命学说是马克思主义中的精髓。

马克思列宁主义的理论，从根本上讲，就是无产阶级和广大劳动群众为自身的彻底解放而进行革命斗争的理论。马克思主义关于革命的理论告诉我们，社会革命是社会发展的必然规律，没有社会革命，社会就不能发展，不能进步。

马克思在《共产党宣言》中指出："对我们说来，问题不在于改变私有制，只在于消灭私有制，不在于掩盖阶级对立，而在于消灭阶级，不在于改良现存社会，而在于建立新社会。"[1]马克思还指出："资本主义社会的失业、贫困、各式各样的罪恶是无法避免的，任何改良办法、任何法律都无济于事，只有用革命消灭私有制。"

马克思在《1848年至1850年的法兰西阶级斗争》中指出："这种社会主义就是宣布不断革命，就是无产阶级的阶级专政，这种专政是达到消灭一切阶级差别，达到消灭这些差别所由产生的一切生产关系，达到消灭和这些生产关系相适应的一切社会关系，达到改变由这些社会关系产生出来的一切观念的必然的过渡阶段。"

马克思主义不是温室里的花草，而是斗争的理论，革命和斗争精神是紧密联系在一起的，马克思主义也在斗争中不断发展壮大，在斗

---

[1]《马克思恩格斯文集》第二卷，人民出版社2009年版，第192页。

争中前进。

马克思的革命理论立足于变革基础之上，马克思主义赋予革命更深刻的含义，革命就是伟大的社会变革，革命就是推翻人吃人的旧的社会制度。

新时代的革命论

进入新时代，习近平又继承了马克思的革命论。面对中华民族伟大复兴的历史使，命立足新时代中国的现实，习近平新时代中国特色社会主义思想赋予革命论新的内涵，把以阶级斗争为主的革命转化为改变人类命运的革命，使人民过上美好生活的革命，把推翻旧社会制度的社会革命转化为破除顽疾、革旧立新的自我革命，实现伟大的革命性锻造。这种新时代的革命精神是对马克思主义革命论的新发展。

新时代伟大社会革命的根本方式，就是党统揽伟大斗争、伟大工程、伟大事业、伟大梦想，敢于进行自我革命、敢于刀刃向内、敢于刮骨疗毒、敢于壮士断腕，把自身建设成为始终走在时代前列、人民衷心拥护、勇于自我革命、经得起各种风险考验、朝气蓬勃的马克思主义执政党。

使命——

资产阶级历史时期负有为新世界创造物质基础的使命：一方面要造成以全人类互相依赖为基础的普遍交往，以及进行这种交往的工具；另一方面要发展人的生产力，把物质生产变成对自然力的科学支配。[1]

——马克思《不列颠在印度统治的未来结果》

马克思是从两方面论述使命的：一是资产阶级的使命，二是无产阶级的使命。

资本的历史使命就是告别自身

马克思曾把资产阶级称为"历史进步的鞭子"，指的就是资本在创造巨大财富的同时又将为自己的灭亡创造条件，既创造自己又否定自己，资本的使命也就完成了，如同鸡蛋一旦孵出小鸡，鸡蛋的使命就完成了一样。

资本本身就是社会矛盾。资本的内在矛盾决定了它将为自我否定创造条件。马克思曾就此作了精辟的论析，资本主义生产的历史作用就是创造了超过工人直接需要的剩余劳动，而且一旦社会发展到了一定的程度，资本主义的历史使命也就完成了。

马克思说："资本的伟大的历史方面就是创造这种剩余劳动，即从单纯使用价值的观点，从单纯生存的观点来看的多余劳动，而一旦到了那样的时候，即一方面，需要发展到这种程度，以致超过必要劳动的剩余劳动本身成了从个人需要本身产生的普遍需要，另一方面，普遍的勤劳，由于世世代代所经历的资本的严格纪律，发展成为新的一代的普遍财产，最后，这种普遍的勤劳，由于资本的无止境的致富欲望及其唯一能实现这种欲望的条件不断地驱使劳动生产力向前发展，而达到这样的程度，以致一方面整个社会只需用较少的劳动时间就能占有并保持普遍财富，另一方面劳动的社会将科学地对待自己的

---

[1]《马克思恩格斯选集》第一卷，人民出版社2012年版，第862页。

不断发展的再生产过程，对待自己的越来越丰富的再生产过程，从而，人不再从事那种可以让物来替人从事的劳动，——一旦到了那样的时候，资本的历史使命就完成了。"[1]

马克思在《共产党宣言》中，论述资产阶级创造的巨大生产力，给社会带来了巨大变化，指出："资产阶级在它的不到一百年的阶级统治中所创造的生产力，比过去一切世代创造的全部生产力还要多，还要大。自然力的征服，机器的采用，化学在工业和农业中的应用，轮船的行驶，铁路的通行，电报的使用，整个大陆的开垦，河川的通航，仿佛用法术从地下呼唤出来的大量人口——过去哪一个世纪料想到在社会劳动里蕴藏有这样的生产力呢？"[2]

但另一方面，马克思又深刻地揭示出资产阶级必然被无产阶级所代替的规律，社会化的大生产曾经是资产阶级用来摧毁封建制度的一个武器，而现在这个武器却对准资产阶级自己了。当社会化的大生产发展到一定程度，必然地会同资本主义的私人占有制产生不可调和的矛盾，这种矛盾表现为要求摧毁资本主义私人占有制的无产阶级与企图保存旧关系的资产阶级的阶级斗争。

无产阶级的历史使命

什么力量能够"推翻一切关系"？也就是说，能够把人类从剥削与压迫中彻底解放出来。马克思指出：只有一个阶级，由于"它的直接地位、物质需要、自己的锁链强迫它"拥有这种力量。这个阶级

---

[1]《马克思恩格斯全集》第四十六卷上册，人民出版社1979年版，第287页。

[2]《马克思恩格斯文集》第二卷，人民出版社2009年版，第36页。

"就是无产阶级"[1]。

为了让工人阶级觉悟起来，马克思让他们认识到无产阶级没有特殊的利益可图，认识到只有人类的解放才能获得自己的解放；认识到必须用革命的手段彻底砸碎旧的国家机器，才能推翻资产阶级专政，要放下各种幻想；认识到辩证唯物主义是马克思列宁主义政党的世界观，也是无产阶级的世界观，让无产阶级掌握辩证法和唯物主义，把伟大的认识工具给了人类，尤其给了工人阶级；认识到全世界的工人阶级必须联合起来，才能取得无产阶级最后的胜利。

马克思在《共产党宣言》中指出："在当前同资产阶级对立的一切阶级中，只有无产阶级是真正革命的阶级。其余的阶级都随着大工业的发展而日趋没落和灭亡，无产阶级却是大工业本身的产物。"[2]

为了让无产阶级觉悟起来，马克思对工人阶级进行教育和改造工作，提高工人阶级的素质，将改造客观世界的过程也变成工人阶级主观世界的过程，使工人阶级同传统的、落后的观念彻底决裂。正如列宁指出："马克思和恩格斯对工人阶级的功绩，可以这样简单地来表达：他们教会了工人阶级自我认识和自我意识，用科学代替了幻想。"[3]

无产阶级的解放和人类的解放是一致的，只有解放全人类才能最后解放自己。无产阶级受压迫的地位决定了他们必须进行革命和斗争。无产阶级所处的低贱的经济地位推动他们必须争取本身的最终解放。

过去的一切运动都是少数人的，或者为少数人谋利益的运动。无产阶级的运动是绝大多数人的，为绝大多数人谋利益的独立的运动。

无产阶级作为一个受苦的阶级，在很多人看来，资产阶级文化是

---

[1]《马克思恩格斯全集》第一卷，人民出版社1956年版，第466页。

[2]《马克思恩格斯选集》第一卷，人民出版社1972年版，第261页。

[3]《列宁选集》第一卷，人民出版社2012年版，第89页。

先进文化，而无产阶级则是"只会生孩子的阶级"。马克思让无产阶级成为推翻资本主义制度实现共产主义的物质力量，因而他成为"世界无产阶级的伟大导师"。

马克思唤醒了沉睡的无产阶级，使这个阶级意识到自身的地位和需要，意识到自身解放的条件，意识到自身担负的历史使命，这是马克思的伟大历史功绩。

公仆——

> 以往国家的特征是什么呢？社会为了维护共同的利益，最初通过简单的分工建立了一些特殊的机关。但是，随着时间的推移，这些机关——为首的是国家政权——为了追求自己的特殊利益，从社会的公仆变成了社会的主人。[1]
>
> ——马克思《法兰西内战》

在马克思和恩格斯眼中，巴黎公社尽管只存在了72天，尽管没有彻底推翻资产阶级的政权，但它的伟大意义远远大于推翻一个旧的政权。巴黎公社催生了一个新的政权，而这新政权的意义被马克思和恩格斯及时发现，这就是人民的政权。马克思明确指出，通过选举和罢免方式防止公职人员在党内恣意妄为，从"公仆"变为"主人"。

这是马克思总结巴黎公社的经验，第一次提出了巴黎公社的伟大意义就在于使人民主人成为人民公仆，这对防止官僚阶层的形成，废除特权，建立无产阶级政党和人民政府，开创了历史的先河。

---

[1]《马克思恩格斯选集》第三卷，人民出版社2012年版，第54页。

　　长期以来，官员就是"主人"，他们高高在上，行使职权管理国家，而人民就是"公仆"。正如马克思在《法兰西内战》指出的："这个政权把群众现在所处的屈从地位作为不容变更的常规，作为群众默默忍受而他们的'天然尊长'则放心加以利用的社会事实维持下去。"[1]

　　巴黎公社的伟大创举就是把政权交给人民，执政的成员必须是由人民选举产生、代表人民意志并接受人民监督的人民公仆，执政的政权必须防止由人民"公仆"蜕变为人民的"主人"。为了防止国家和国家机关由社会"公仆"变成社会"主人"，公社采取了两个正确的方法。人民进行社会和物质财富管理，社会财富由人民共享，特权随之消失。公社委员会的成员不再是凌驾于人民之上的统治者，从人民群众中来到人民群众中去。这是巴黎公社的法宝。

　　普天之下莫非王土，天下者皇帝的天下。在一切剥削阶级社会，官员代表统治阶级，他们似乎都是国家的主人，权力的主人，子民只是他们任意驱使的工具，官员高高在上，掌控一切，这似乎天经地义。马克思的公仆思想颠覆了"主人"和"公仆"的关系，国家工作人员理应是人民的公仆，人民是国家的主人，这不能不是革命性的变革。

　　公仆思想对于无产阶级政党尤为重要，苏联之所以亡党亡国与特权有直接关系。20世纪六七十年代，这个既得利益的官僚特权阶层控制了党政机关的重要领导岗位，形成了特权阶层，这些特权阶层敢于冒犯党纪国法，从权力商品化到权钱交易公开化发展到"权力圈地"、拉帮结派、买官卖官，权力商品化，权钱交易公开化，严重脱离人民群众，丧失了人民的信任。由此可见公仆思想对于巩固党的执政地位该是多么的重要。习近平总书记在党的十八届中央委员会第一次全体

[1]《马克思恩格斯选集》第三卷，人民出版社2012年版，第164页。

会议上向人民庄重承诺："我们要永葆蓬勃朝气，永远做人民公仆、时代先锋、民族脊梁。"每一个官员都必须牢记，人民是主人，自己是公仆。只有为人民服务的义务，而没有利用特权牟取私利的权力。

巴黎公社的硝烟早已散去，然而马克思透过巴黎公社起义的炮声和硝烟已经看到人民公仆诞生的伟大意义，它向世人宣告：第一个无产阶级政党是经过民主选举产生的，公社的每一个成员都是人民的公仆，只是代表人民的利益而没有丝毫的特权，新兴的无产阶级政党应该具备这样的品质，这种原始朴素的、没有特权的思想对今天无产阶级的政党也有重要的借鉴意义！

决裂——

共产主义革命就是同传统的所有制关系实行最彻底的决裂；毫不奇怪，它在自己的发展进程中要同传统的观念实行最彻底的决裂。[1]

——马克思、恩格斯《共产党宣言》

《共产党宣言》中提出的"两个决裂"是马克思革命思想的集中体现。用公有制代替私有制实现社会主义和共产主义，这是马克思主义为人类指明的奋斗目标。因为私有制体现的是生产的社会化和生产资料私人占有制之间的矛盾，这个矛盾就是生产力发展的桎梏，只有从根本上推翻私有制，砸碎这个桎梏，才能解放和发展生产力，消灭一

---

[1]《马克思恩格斯选集》第一卷，人民出版社1972年版，第271—272页。

切剥削和压迫。以此同私有制观念决裂即打破资本主义的生产关系是无产阶级的重要使命。

共产主义革命不仅要砸碎旧的私有制，而且要同私有观念进行决裂，这是马克思高屋建瓴的伟大建树。按照马克思主义的观点，存在决定意识，经济基础决定上层建筑。私有观念就是私有制的产物，它以个人主义为核心，强调利益至上，拜物教、金钱至上、享乐主义成为人们的追求，私有观念和共产主义革命格格不入。因此，共产主义革命必须与传统的私有观念实行彻底决裂，马克思指出："除了现代的灾难而外，压迫着我们的还有许多遗留下来的灾难，这些灾难的产生，是由于古老的、陈旧的生产方式以及伴随着它们的过时的社会关系和政治关系还在苟延残喘。不仅活人使我们受苦，而且死人也使我们受苦。死人抓住活人！"[1] 马克思在这里批判指出不能让"死人拖住活人"，其中就包含着与传统的私有观念实行决裂，要用革命先进思想代替腐朽没落的思想，让新生力量战胜腐朽落后。

正因为如此，马克思不仅要解放人，还要提升人。人的解放不仅取决于自然界和社会对人的关系，而且取决于人本身的发展程度，即人的个性与能力的发展。工人阶级在改造客观世界的同时，也要不断改造自己的主观世界，不断抛弃自己身上肮脏的东西。《共产党宣言》指出："共产党一分钟也不忽略教育工人尽可能明确地意识到资产阶级和无产阶级的敌对的对立。"[2] 马克思说了一句经典名言：工人阶级要担负起解放全人类的使命，"他们必须经过长期的斗争，必须经过一系列将把环境和人都加以改造的历史过程"[3]。

---

[1]《资本论》第一卷，人民出版社2004年版，第9页。

[2]《马克思恩格斯文集》第二卷，人民出版社2009年版，第66页。

[3]《马克思恩格斯文集》第三卷，人民出版社2001年版，第159页。

第八部分　革命是历史的火车头

191

分裂——

> 我们的时代，资产阶级时代，却有一个特点：它使阶级对立简单化了。整个社会日益分裂为两大敌对阵营，分裂为两大相互直接对立的阶级：资产阶级和无产阶级。[1]
>
> ——马克思、恩格斯《共产党宣言》

工业革命促成了整个社会一分为二，资产阶级和无产阶级。当社会处于小作坊和小手工业时，资产阶级和无产阶级并没有明显的对立，而社会中也有中产阶级等多种成分。工业革命的兴起，有产者利用原始积累购买机器扩大生产，雇佣工人，一切小手工业者和无产者都成了他们的雇佣工人，这些过去的零散的无产者进入了资本家的生产线，因而也就由分散的、个体的工人成为新的阶级——工人阶级。与此同时，资产阶级由于扩大生产、销售产品和占领市场的需要也加强了他们之间的联系和合作，于是阶级阵线就分明了，其他的小产阶级、中产阶级都被两大阶级吞并了。因此，马克思指出资产阶级的一大功绩是造就了它的对立面——无产阶级。无产阶级和资产阶级的形成，工业革命是催化剂，是二者成为对立关系的"媒人"。资产阶级的成就使得社会日益分化为两个阶级。两大阵营的对立、两大阶级的分裂从此改变了世界，无产阶级与资产阶级的斗争也拉开了序幕，世界进入了无产阶级革命时代。

---

[1]《马克思恩格斯选集》第一卷，人民出版社1995年版，第273页。

自由——

代替那存在着阶级和阶级对立的资产阶级旧社会，将是这样一个联合体，在那里，每个人的自由发展是一切人的自由发展的条件。[1]

——马克思、恩格斯《共产党宣传》

在马克思经典著作中多次论述自由，如"自由确实是人的本质"[2]、自由是"全部精神存在的类本质"[3]、"任何民族当它还在压迫别的民族时，不能成为自由的民族"[4]、"每个人的自由发展是一切人的自由发展的条件"[5]、"哲学研究的首要基础是勇敢的自由的精神"[6]。实现人的自由全面发展是马克思毕生的使命。

自由是人的本质

1839年，马克思在大学写了一篇博士论文，通过对古希腊两位哲学家德谟克利特和伊壁鸠鲁的自然哲学的比较，阐发自己的哲学见

---

[1]《马克思恩格斯选集》第一卷，人民出版社2012年版，第422页。

[2]《马克思恩格斯全集》第一卷，人民出版社1995年版，第167页。

[3]《马克思恩格斯全集》第一卷，人民出版社1995年版，第171页。

[4]《马克思恩格斯全集》第四卷，人民出版社1958年版，第410页。

[5]《马克思恩格斯选集》第一卷，人民出版社1995年版，第294页。

[6]《马克思恩格斯全集》第四十卷，人民出版社1982版，第112页。

解。伊壁鸠鲁反对德谟克利特的原子在虚空当中作直线运动的论断，认为只有偏离直线的运动才构成原子的绝对的独立性。马克思据此认为伊壁鸠鲁的原子偏离直线是最深刻的结论之一，原子不满足于直线运动的必然性，而是要有自身的行为目的，这个偏离直线的运动就是自我解放，就是自由。"如果原子不偏斜，就不会有原子的冲击，原子的碰撞，因而世界永远也不会创造出来。"[1]马克思把原子偏离直线的运动用来解释人的自由和解放，就是挣脱必然性。显然，只有摆脱这种必然性，才能获得自由，这是马克思独特的发现，也是马克思关于人的自由全面发展思想的萌芽。马克思指出，人的精神自由和解放"正像原子由于脱离直线，偏离直线，从而从自己的相对存在中，即从直线中解放出来那样"[2]。

马克思说："自由确实是人的本质，因此就连自由的反对者在反对自由的现实的同时也实现着自由。"[3]"自由终归是自由，无论它表现在油墨上、土地上、信仰上或是政治会议上。"[4]

一位学者曾写信给恩格斯，让他选一段话作为一本书的序言，恩格斯写信答复说："除了《共产主义宣言》中的下面这句话，我再也找不出适合的了：'代替那存在着阶级和阶级对立的资产阶级旧社会，将是这样一个联合体，在那里，每个人的自由发展是一切人的自由发展的条件'。"[5]

---

[1]《马克思恩格斯全集》第四十卷，人民出版社1982年版，第216页。

[2]《马克思恩格斯全集》第一卷，人民出版社1995年版，第35页。

[3]《马克思恩格斯全集》第一卷，人民出版社1995年版，第167页。

[4]《马克思恩格斯全集》第一卷，人民出版社1995年版，第201页。

[5]《马克思恩格斯文集》第十卷，人民出版社2009年版，第666页。

自由就要消除强制的社会分工

马克思认为："劳动是生产的主要因素，是'财富的源泉'，是人的自由活动，……"[1] 但是，由于强制的社会分工使劳动者被剥夺了自由，马克思说："资本主义生产方式的特点，恰恰在于它把各种不同的劳动，因而也把脑力劳动和体力劳动，或者说，把以脑力劳动为主或者以体力劳动为主的各种劳动分离开来，分配给不同的人。"这样势必形成一种不公正现象：劳动成为劳动者的宿命，而知识则成为知识者的特权。因此，马克思在《资本论》中剖析道："劳动资料同时表现为奴役工人的手段、剥削工人的手段和使工人贫穷的手段，劳动过程的社会结合同时表现为对工人个人的活力、自由和独立的有组织的压制。"[2]

马克思这样描绘未来社会人的自由："任何人都没有特殊的活动范围，而是都可以在任何部门内发展，社会调节着整个生产，因而使我有可能随自己的兴趣今天干这事，明天干那事，上午打猎，下午捕鱼，傍晚从事畜牧，晚饭后从事批判，这样就不会使我老是一个猎人、渔夫、牧人或批判者。"[3] 显然，只有生产力的发展和无产阶级的壮大才能消灭社会活动的固定化。

自由就要摧毁旧的社会制度

马克思将摆脱人的必然性放在人类解放的历史进程之中。马克思

---

[1]《马克思恩格斯全集》第一卷，人民出版社1956年版，第611页。

[2]《资本论》第一卷，人民出版社2004年版，第579页。

[3]《马克思恩格斯文集》第一卷，人民出版社2009年版，第537页。

提出："每一个单个人的解放的程度是与历史完全转变为世界历史的程度一致的。……只有这样,单个人才能摆脱种种民族局限和地域局限而同整个世界的生产(也同精神的生产)发生实际联系,才能获得利用全球的这种全面的生产(人们的创造)的能力。"[1] 单个人的依附关系,这种自然形成的世界历史性的共同活动的最初形式,将在共产主义革命中转化为单个人自觉的驾驭和控制的力量。

法国思想家卢梭曾说:"当我看见另外一些人不惜牺牲自己的快乐、安宁、财富、权势甚至生命,来换取这个被失去它的人们如此轻视的唯一财富时;当我看见那些生来自由的动物由于厌恶囚禁而一头撞死在监狱的铁栏上面时;当我看见众多赤身裸体的野蛮人鄙视欧洲式的享乐,为保证独立而勇敢地与饥饿、火灾、铁器和死亡对抗时,我深深地感觉到,对自由的思考,从来都不属于奴隶。"

人是一切社会关系的总和,人的背后是国家、政治、阶级,要改变劳动人民被奴役、被蔑视、被压迫的命运,必须推翻人吃人的社会制度,只有瓦解了资本逻辑,颠覆了资本主义的社会制度,消解了阶级,才能够真正地走向"自由人的联合体"。真正达成"自由人的联合体"必须是以消灭阶级为中心的颠覆现有所有制形式的变革。因为只要存在阶级统治,人类解放就不可能真正实现,不可能置换"存在着阶级和阶级对立的资产阶级旧社会"[2]。

只有人类获得解放,也就是说,人逐渐从人与社会、人与自然、人与自身的异化关系中解放出来,不断摆脱各种依附关系,越来越成为自由而全面发展的人,才能成为主人。如恩格斯所说:人类越来越"成为自己的社会结合的主人",越来越"成为自然界的主人",越来越"成为自己本身的主人"。"人类史"的趋势表明人类社会不断

---

[1]《马克思恩格斯选集》第一卷,人民出版社1995版,第89页。

[2]《马克思恩格斯文集》第十卷,人民出版社2009年版,第666页。

地由低级向高级发展，人本身越来越走向解放、越来越走向全面发展。

平等——

　　一切人，或至少是一个国家的一切公民，或一个社会的
一切成员，都应当有平等的政治地位和社会地位。[1]

——恩格斯《反杜林论》

　　卢梭提出"人生而平等"，马克思提出全人类平等，如同思想的
闪电划破历史的夜空。

平等是一个十分沉重的历史话题

　　马克思"为了得出'平等＝正义'这个命题，几乎用了以往的全
部历史"。

　　人类自阶级社会以来，平等和不平等一直伴随着人类的历史。人
是生而平等还是生而不平等，历来是理论家、哲学家争论的焦点，一
切统治阶级都坚持"奴隶生来是奴隶，君主生来是君主"，世世代代
只能照袭。

　　一切阶级和阶级斗争来自不平等，一切战争和动乱来自不平等。
第二次世界大战期间，希特勒动用战争机器毁灭犹太人来源于对犹
太人的种族歧视。一些反动的思想家如菲希勒、尼采等，也用"超
人""种族主义"等反动理论使种族歧视合法化并影响着希特勒的暴

---

[1]《马克思恩格斯选集》第三卷，人民出版社1972年版，第143页。

行。菲希勒在《告日耳曼民族书》中宣称："拉丁民族和犹太人都是腐朽的种族，只有日耳曼人才有中兴的可能，只有在他们的影响下，历史才能展开一个新的纪元。"尼采充当了法西斯主义的先驱，他创造的"优秀种族、主宰种族、劣等种族、奴隶种族"理论对希特勒产生了更为严重的影响。在希特勒及其纳粹党的种族主义理论中，认为世界历史不是阶级斗争的历史，而是种族斗争的历史；日耳曼人是世界历史的创造者，犹太人则是世界的破坏者，是"瘟疫民族"、劣等种族；德意志人是地球上最高级的种族日耳曼人的核心，而犹太人是劣等种族，应该被驱逐或灭绝。人类不会因为战争的失败而灭亡，而是由于血统混杂、种族堕落以致丧失抵抗力而灭亡。希特勒还声嘶力竭地叫嚣，"对待被征服种族，应比对待野兽还要残酷，应当首先让被征服者拉犁，然后才让马拉犁"。为此，他发出号召说："创造者，坚强起来！抢吧、烧吧、杀吧！绝不要对被你们奴役的劣等种族发生一丝一毫的怜悯。"

在种族歧视和复仇主义的启示下，希特勒推行了一整套疯狂的反犹灭犹政策，造成人类历史上一个民族屠杀另一个民族的空前浩劫，制造了人类文明史上最悲惨的一幕。在1945年纽伦堡审判时，这些杀人狂魔还振振有词，"我们是为人类驱逐瘟疫"。法庭当即播出长达100多分钟的"纳粹集中营"影片，两个画面让人震惊。一个画面是，党卫军将一大批囚犯带进一座仓库，然后用水龙头向仓库内喷射汽油，再放火点燃。一个画面是，几百名小孩被活活地抛入焚尸炉……纽伦堡审判将23名杀人狂魔判刑，一切赦免不被采纳。这次审判首次确立了国际性的法律原则，也为人类实现平等开了先河。

中国自鸦片战争以来已屡屡遭受不平等的欺凌。鸦片战争至新中国成立不足百年签订的不平等条约100多个，割地赔款、赔款割地、丧权辱国、积弱积贫、"华人与狗不得入内"的屈辱、"东亚病夫"的创伤让我们至今记忆犹新。所有被压迫、被奴役的人民的反抗都是为了争得平等。

因此，要彻底消灭不平等，必须消灭阶级。正如马克思指出："'消除一切社会的和政治的不平等'这一不明确的语句，应当改成：随着阶级差别的消灭，一切由此差别产生的社会的和政治的不平等也就自行消失。"[1]

不平等是宗教的产物

宗教神学控制下的不平等更具有欺骗性和奴役性。旧社会西藏的黑暗就是一个缩影：

旧社会的西藏法律将人分为三等九级，明确规定人在法律上的不平等地位，农奴的人权被领主阶级所剥夺。地方政府完全被官家、贵族和寺庙上层僧侣（又称"三大领主"）所掌控，各级官员由上层僧侣和世俗贵族担任。有的大贵族官员的子弟一出生就获得四品官阶，十七八岁就可出任政府重要职务。中小贵族的子弟经俗官学校学习后，即可进入地方政府任职。僧官大部分由贵族出身的喇嘛担任。广大农奴处于社会最底层，毫无地位可言。

当时广大农奴中流传着这样的歌谣："即使雪山变成酥油，也是被领主占有；就是河水变成牛奶，我们也喝不上一口。"

三大领主依靠对土地的绝对占有，掌握着农奴的生死婚嫁。领主还把农奴当作私有财产，随意用于赌博、买卖、转让、赠送、抵债和交换。农奴如果逃亡，就会被处以断足、鞭笞等惩罚。三大领主不仅对广大农奴进行人身控制，还通过乌拉差役对其进行残酷奴役。

---

[1]《马克思恩格斯选集》第三卷，人民出版社1972年版，第18页。

不平等是历史的产物

平等伴随着人类发展的历史。在人类最早的成文法《汉谟拉比法典》中就有平等的内容，如家庭法、婚姻法、财产法等，都贯穿着朴素的平等观念，如所有子女包括领养的子女，都有权平等地分享父亲的遗产。如果妻子疯了，丈夫有权再婚，但病人必须由他来赡养。如果他们觉得某一个部落表演的歌舞、面具、头饰很好看，而他们又很想在自己的表演中加以模仿的话，那么他们就会给该部落送去几十头猪和一大批谷果，请求该部落允许他们使用这些"著作权"。

中国人民为争取平等曾进行了长期的斗争，并把平等作为一种理想来追求，太平天国时期就提出了平等的口号：有田同耕、有饭同食、有衣同穿、有钱同使，无处不均匀，无处不保暖。土地革命时期，中国共产党提出"打土豪分田地"。土改时期，中国共产党把土地分给农民，使农民第一次有了平等的权利，以此赢得了群众。

在新时代，坚持马克思主义的平等观对我们仍然有现实指导意义。共同富裕是社会主义的本质特征。改革开放初期，针对中国生产力水平较低和长期存在的平均主义、吃大锅饭的现象，中国共产党曾提出"让一部分人、一部分地区先富起来"，提倡"效率优先、兼顾公平"，允许和鼓励资本参与分配。但同时也出现了分配不公，收入差距过大的现象。中国共产党分配政策进行逐步调整，把"效率优先、兼顾公平"的口号改为"既重视效率也重视公平、把公平放在更加突出的位置"；要求初次分配和再分配都要处理好效率和公平的关系，再分配要更加注重公平；逐步提高居民收入在国民收入中的比重，提高劳动报酬在初次分配中的比重，提高低收入者收入，提高扶贫标准和最低工资标准。党的十八大以来，我们党坚持逐步实现全体人民共同富裕，把"坚持走共同富裕道路"作为中国特色社会主义的基本要求，把缩小收入分配差距作为全面建成小康社会的基本要求，旗帜鲜明地提出"共同富裕是中国特色社会主义的根本原则"，要更加处理好"先富与共富、效率与公正、资本与劳动"的关系，逐步实现共同富裕。

解放——

> 不言而喻，要不是每一个人都得到解放，社会也不能得到解放"。[1]
>
> ——恩格斯《反杜林论》

习近平总书记在纪念马克思诞辰200周年大会上讲话时指出："马克思的一生，是为推翻旧世界、建立新世界而不息战斗的一生……马克思主义是人民的理论，第一次创立了人民实现自身解放的思想体系。马克思主义博大精深，归根到底就是一句话，为人类求解放。"

马克思实现人类解放主要包括以下三个方面：

一是让人类从自然界的奴役下解放出来，摆脱盲目自然力的支配，成为自然界的主人。马克思主义认为，人类为了自身的生存和发展必须占有自然的物质。在《资本论》中，马克思对人与自然关系进行了深入分析，人们在生产实践中从自然界中获取自身生活的所必需的物质生活资料必须结成一定的社会关系，人与自然界的关系便具有社会性质。但是在资本主义制度下，由于劳动和资本的对立必然造成人与自然的分离。人与自然的关系成为索取与利用的关系，以致造成

---

[1]《马克思恩格斯选集》第三卷，人民出版社2012年版，第681页。

对自然资源的无节制、无计划的开发，从而加剧人与自然界之间的矛盾。自然界被掠夺和破坏又必然造成使人类遭到报复，自然环境的恶化、生态的破坏、事故的增多、疾病的流行，这些都使劳动者受到自然界的奴役。因此，人类调控协调自然的过程就是人类自身获得解放的过程，只有克服资本主义生产的弊端，才能使科学技术和工业获得合理发展，使人与自然的关系得到根本的改善。马克思指出："社会化的人，联合起来的生产者，将合理地调节他们和自然之间的物质变换，把它置于他们的共同控制之下，而不让它作为盲目的力量来统治自己；靠消耗最少的力量，在最无愧于和最适合于他们的人类本性的条件下来进行这种物质交换。"[1] 显然，要做到这些，只有用社会主义公有制代替资本主义私有制，彻底消除人与自然之间的异化，才能努力实现人与自然的和谐关系。

二是让人类从旧的社会关系束缚下解放出来，摆脱一切剥削压迫，成为社会关系的主人。马克思指出："专制制度的唯一原则就是轻视人类，使人不成其为人……"[2]

在《〈黑格尔法哲学批判〉导言》中，马克思提出"必须推翻使人成为被侮辱、被奴役、被遗弃和被蔑视的东西的一切关系"[3]。必须推翻资本主义生产关系，颠覆资本主义社会制度，消除阶级，才能够真正地走向"自由人的联合体"，将是"这样一个联合体，在那里，每个人的自由发展是一切人的自由发展的条件"。[4]

人类解放不再是一种人类理性的价值预设，而是必须借助对社会

[1]《马克思恩格斯全集》第二十五卷（下册），人民出版社1974年版，第926—927页。

[2]《马克思恩格斯全集》第一卷，人民出版社1956年版，第411页。

[3]《马克思恩格斯文集》第一卷，人民出版社2009年版，第11页。

[4]《马克思恩格斯文集》第二卷，人民出版社2009年版，第53页。

历史的存在论进行分析，并进一步彻底瓦解资本主义生产关系中的现实力量才能成为可能，这也是社会主义革命必然性的最终根由。"对德国来说，彻底的革命、普遍的人的解放，不是乌托邦式的梦想，相反，局部的纯政治的革命，毫不触犯大厦支柱的革命，才是乌托邦式的梦想。"[1]

正如列宁曾指出："工人阶级抱有最崇高的、具有世界历史意义的目的：把人类从各式各样的压迫和人剥削人的制度下解放出来。为了实现这一目的，数十年来它一直在全世界范围内顽强地、不断地扩大自己的斗争。"[2]

三是让人类从宗教神学的束缚中解放出来，摆脱宗教神学和传统观念对人思想的禁锢和奴役，成为社会意识的主人。

资产阶级为了巩固自己的统治，散布的是资本主义是永恒的，人民受苦难是上帝决定的，是不可改变的命运，"君权神授""上帝主宰"，形形色色的宗教神学企图使人们甘居命运的摆布，听从命运的安排。马克思用革命学说唤起人们的觉醒，用革命理论支撑人类解放，被压迫、被剥削人民争取解放的道路已经指明。

随着人类的解放，人将成为自己的主人。正如恩格斯所说：人类"成为自己的社会结合的主人""成为自然界的主人""成为自己本身的主人"。也就是说，人逐渐从人与社会、人与自然、人与自身的异化关系解放出来，不断摆脱各种依附关系，越来越成为自由而全面发展的人。人类发展的历史将证明，人类社会不断地由低级向高级发展，人本身越来越走向解放、越来越走向全面发展。

---

[1]《马克思恩格斯文集》第一卷，人民出版社2009年版，第13页。

[2]《马克思恩格斯文集》第八卷，人民出版社2009年版，第5页。

共产主义——

在共产主义社会高级阶段上，在迫使人们奴隶般地服从分工的情形已经消失，从而脑力劳动和体力劳动的对立也随之消失之后；在劳动已经不仅仅是谋生的手段，而且本身成了生活的第一需要之后；在随着个人的全面发展生产力也增长起来，而集体财富的一切源泉都充分涌流以后，——只有在那个时候，才能完全超出资产阶级法权的狭隘眼界，社会才能在自己的旗帜上写上：各尽所能，按需分配！[1]

——马克思《哥达纲领批判》

马克思主义以共产主义为追求目标，因为只有共产主义才是无产阶级和人类解放的根本出路，只有共产主义才是无产阶级解放和人类解放相结合的途径。

马克思主义的共产主义社会理想，不仅反映了无产阶级和被压迫者的命运和愿望，也代表了社会发展的前进方向和整个人类的力量。

共产主义是人类社会发展史上一种崭新的社会制度。马克思、恩格斯站在历史唯物主义的高度，从社会形态发展的角度，科学揭示了共产主义社会的基本特征，为我们勾画出了如何改变世界的美好愿景。

物质生产极大丰富。马克思、恩格斯认为，未来社会物质财富极大丰富，"各尽所能，按需分配"得以实现。在马克思、恩格斯看来，未来社会"是以生产力巨大增长和高度发展为前提的""集体财

---

[1]《马克思恩格斯选集》第三卷，人民出版社1972年版，第12页。

富的一切源泉都充分涌流"，共产主义社会物质财富极大丰富。只有达到这种程度，才能实行共产主义分配原则。

公有制代替私有制。生产资料归全社会所有，以社会的名义占有生产资料。共产主义制度的建立不仅以高度发展的生产力为基础，而且将使未来社会的生产力得到更高发展。适应高度发展的社会化大生产的需要，共产主义社会将彻底废除私有制，实行普遍的生产资料公有制，共产主义社会的生产资料将实现社会直接占有。那时，自由平等的劳动者联合体共同占有和使用生产资料。与生产资料的社会占有相适应，共产主义社会将按照自然资源的情况和社会成员的需要，对生产进行有计划的组织和管理；在共产主义社会，个人消费的分配方式是"各尽所能，按需分配"。"各尽所能，按需分配"将最终实现人类在分配上的真正平等。

阶级消灭，人人平等，社会关系高度和谐。正如恩格斯所指出的："当国家终于真正成为整个社会的代表时，它就使自己成为多余的了。"[1]生产的高度发展使所有人的物质利益都得到保障，全体社会成员的根本利益一致，于是，阶级消灭了，阶级剥削和压迫不复存在，阶级斗争也随之消失。国家也将消亡，作为阶级压迫工具的军队、警察、监狱等随之消亡。战争也将不复存在，人们享受和平安宁。同时，大量的社会资源将从军事活动中解放出来，造福于全社会。由于阶级消灭、国家消亡和"三大差别"消除，不仅社会关系实现了高度和谐，而且社会与自然之间也高度和谐。为生产而生产的利润动机没有了，物质生产不再盲目扩张，人类文明与自然环境之间将平衡和谐。

人们的精神境界极大提高。人民群众自觉地创造自己的历史，从必然王国进入自由王国。共产主义思想，助人为乐、无私奉献、平等

---

[1]《马克思恩格斯全集》第二十卷，人民出版社1971年版，第305页。

待人、尊老爱幼、遵守社会公德成为社会的风气。人们不仅具有多方面的才能，而且也具有高度的觉悟，乐意为社会公共事业作出贡献。

每个人自由全面发展。商品生产将被消除，商品对生产者的统治也随之消除。在共产主义社会，人的发展是自由的发展，是建立在个体高度自由自觉基础上的发展，而不是强迫的发展。人的发展是全面的发展，不仅体力和智力得到发展，各方面的才能和工作能力得到发展，而且人的社会联系和社会交往也得到发展。人的发展不是个别人的发展，也不是一部分人的发展，而是每一个社会成员的发展，而且社会发展与个人发展实现了真正的统一，社会发展不再以牺牲某些个人的发展为代价。

千里之行始于足下，实现共产主义的崇高理想尽管还很遥远，只要一代又一代人持之以恒坚持奋斗，随着社会主义、共产主义因素的增加，共产主义萌芽的不断成长，我们距共产主义就会越来越近。这就更加需要我们坚定对共产主义崇高理想的信仰，做好自己的本职工作，一步一个脚印地践行。在漫长的征途中，我们需要的是信念的坚定。

共产主义远大理想和中国特色社会主义共同理想相辅相成、相互促进，是有机联系的统一体。一方面，走中国特色社会主义道路，进行中国特色社会主义的经济、文化、政治、社会、生态建设，必须坚持共产主义方向，以实现共产主义的远大理想为目标，背离了共产主义信仰也就丧失了中国特色社会主义的社会主义性质。另一方面，实现共产主义远大理想要立足于社会主义历史阶段的长足发展。我国坚持和发展中国特色社会主义，实现中华民族伟大复兴，就是为实现共产主义而增添砖瓦、为迈向共产主义社会逐步创造条件，建设中国特色社会主义就是为了实现共产主义。

共产党人的目的和意图就是要实现共产主义。每个党员都要坚定理想信念，为实现中华民族伟大复兴而努力，坚定地朝着共产主义方向前进。

第九部分
一切以时间、地点为转移

马克思主义不是"昨天的理论"，不是死搬硬套的公式和教条，马克思主义必须与实际情况相结合，必须"一切以时间、地点为转移"。在我们党的历史上，教条主义使我们付出了惨痛的代价，马克思主义必须与中国实际相结合，才能推进我国的革命建设和改革开放的伟大事业。

真理——

客观现实世界的变化运动永远没有完结，人们在实践中对于真理的认识也就永远没有完结。马克思列宁主义并没有结束真理，而是在实践中不断地开辟认识真理的道路。[1]

——毛泽东《实践论》

---

[1]《毛泽东选集》第一卷，人民出版社1991年版，第296页。

真理是绝对性和相对性的统一

任何真理都不可能脱离产生的环境，都有一定的历史条件，都有一定的特定性和相对性，因而没有绝对的真理。

黑格尔说过："凡是一切人世间的事情、财富、荣誉、权力，甚至快乐和痛苦等——皆有其确定的尺度，超越这个尺度就会招致毁灭。"列宁也说："只要再多走一小步，看来像是朝同一方向多走了一小步，真理就会变成错误。"[1] 真理既具有客观性和绝对性，也具有相对性，因为人们在一定历史条件下对于客观世界的认识都具有某种局限性，需要进一步发展。

真理要经过实践检验

一个理论是否正确反映了客观实际，不仅要靠实践检验，而且还要通过发展的实践去检验。正是依靠这一方法，马克思一次次完成了理论创新和自我超越。如在论述共产主义时，马克思在《共产党宣言》中指出："共产党人的理论原理，决非不是以这个或那个世界改革家所发明或发现的思想、原则为根据的。"[2] "共产主义不是学说，而是运动。它不是从原则出发，而是从事实出发。"[3] 充分说明共产主义不是从想象出发，而是从运动的实践出发。

马克思在《共产党宣言》中曾提出到目前为止的一切人类社会的历史都是阶级斗争的历史，后来通过研究马克思又纠正了这种观点，

---

[1]《列宁选集》第四卷，人民出版社2012年版，第211页。

[2]《马克思恩格斯选集》第一卷，人民出版社1972年版，第264页。

[3]《马克思恩格斯全集》第四卷，人民出版社1958年版，第311页。

提出"自有文字以来的历史就是阶级斗争的历史",因为在此之前的历史没有文字记载,没有经过实践的证明。

自然科学之所以成为马克思主义革命学说的重要支撑,就在于实践证明自然界是进化而来的,达尔文的进化论正是建立在对事实的充分研究基础之上。哥白尼的"太阳中心说"诞生时一直是一种假说,后来当勒维烈从这个学说中所提供的数据,不仅推算出一定还存在一个尚未知道的行星,而且还推算出这个行星在太空中的位置的时候,当加勒于1846年确实发现了海王星这颗行星的时候,哥白尼的太阳系学说才被证实了,成了公认的真理。门捷列夫根据原子量的变化制定了元素周期表,有人赞同有人怀疑,后来,根据元素周期表发现了几种元素,它们的化学特性刚好符合元素周期表的预测,这样元素周期表才被证实是真理。

毛泽东在《新民主主义论》中指出:"真理只有一个,而究竟谁发现了真理,不依靠主观的夸张,而依靠客观的实践。只有千百万人民的革命实践,才是检验真理的尺度。"[1]

毛泽东在《实践论》中又指出:"判定认识或理论之是否真理,不是依主观上觉得如何而定,而是依客观上社会实践的结果如何而定。真理的标准只能是社会的实践。实践的观点是辩证唯物论的认识论之第一的和基本的观点。"[2]

真理是不断发展的

从认识的广度看,任何真理都没有穷尽客观世界,只是对客观世界某些方面和某些片段的认识;从认识的深度看,任何真理都只是对

---

[1]《毛泽东选集》第二卷,人民出版社1991年版,第663页。

[2]《毛泽东选集》第一卷,人民出版社1991年版,第284页。

事物一定层次和一定程度的反映，需要一步一步深入，由表及里，由此及彼。

物理学革命的第一个理论成果是广义相对论，取代了牛顿的万有引力定律。爱因斯坦的发现指出，宇宙包含着有限的能量，如果你燃烧什么东西或者爆炸什么东西并不能增加宇宙能量的总量，它只是从一种形态转为另一种形态，宇宙能量的总量仍然保持恒定，有一个著名公式：能量＝质量×光速的平方，这个理论概括了宇宙间所有的运动和创造。

对此，爱因斯坦曾这样说："牛顿先生，很抱歉推翻了您的理论，不过您的成就就是您那个时代一个人的智力和创造力所能达到的顶峰，您所创造的许多观念，直到今日都在引导我们的物理思维。虽然我们知道，当我们对宇宙万物有了更深入的了解以后，这些观念将会被一些更抽象的新观念所取代。"

真理不是凝固的或现成的东西，也不是已经得到就不再改变的东西，真理是在历史的现实中不断生成和具体化的过程。简而言之，真理是与时俱进的。当马克思把事物本身的真理性理解为一个历史过程时，他也在实践的基础上把揭示现实的真理性认识把握为一个发展过程。马克思主义不是一成不变的教条或公式，而是提供了一种不断深入现实中去的思想武器。

真理在探索之中。马克思没有把真理绝对化，马克思主义不是绝对真理，他始终认为一切真理以历史条件为转移，马克思没有终结真理，而是不断开辟通向真理的道路。

教条——

马克思列宁主义是从客观实际产生出来又在客观实际中获得了证明的最正确最科学最革命的真理；但是许多学习马克思列宁主义的人却把它看成是死的教条，这样就阻碍了理论的发展，害了自己，也害了同志。[1]

——毛泽东《整顿党的作风》

列宁指出：有两类马克思主义，一类是"像马克思这样的马克思主义"，即创造性的马克思主义；另一类是"自称马克思主义者"，即教条主义者。列宁批评"他们都自称马克思主义者，但是对马克思主义的理解却迂腐到无以复加的程度。马克思主义中有决定意义的东西，即马克思主义的革命辩证法，他们一点也不理解"[2]。中国共产党的历史就是马克思主义与中国实际结合的历史，也就是与经验主义尤其与教条主义斗争的历史。

党从成立之日起就把马克思列宁主义作为自己指导思想的理论基础。马克思主义来到中国后，由于旧中国是一个经济、文化落后的半殖民地半封建的社会，对马克思主义知识了解不够，因此，对于什么是马克思主义、怎样对待马克思主义缺乏深刻的认识和把握，对马克思主义理论接受严重不足，处于一种盲目的状态，不善于将马克思列宁主义理论和中国实践相结合，容易照抄照搬。尤其在党内一度占统

---

[1]《毛泽东选集》第三卷，人民出版社1991年版，第817页。

[2]《列宁选集》第四卷，人民出版社2012年版，第775页。

治地位的教条主义者，更是把马克思列宁主义的个别词句当成灵丹妙药，从"本本"出发，把马克思主义教条化，把苏联经验和共产国际的指示绝对化、神圣化，因而导致教条主义、经验主义等错误倾向的发生，使党和人民的事业遭受严重挫折和失败。

邓小平曾说："'右'可以为了革命，'左'也可以为了革命，因为'左'容易以革命的面目出现。"容易迷惑更多的人。

中国共产党早期的教条主义代表人物是李立三、王明、博古，尤其是王明、博古的教条主义给党与革命事业带来了严重的危害。他们从"本本"出发而不从中国实际出发，实行"左"倾教条主义，严重脱离中国革命实际。王明以"百分之百正确的布尔什维克"自居，挥舞共产国际的大棒瞎指挥。比李立三的"左"倾错误更严重，理论的装饰更冠冕堂皇，因而造成的危害也更大。"左"倾教条主义在马克思主义"本本"的伪装下，推行政治、经济上一系列"左"倾政策，削弱了党在苏区的领导基础。军事上先剥夺了毛泽东对红军的指挥权，在中央苏区第五次反"围剿"时，"左"倾领导人提出"御敌于国门之外"，与国民党军队打阵地战、消耗战，使红军遭受惨重损失，中央红军被迫实行战略转移。

血的教训换来血的警醒。1935年1月，中央红军攻占遵义后，召开了政治局扩大会议，结束了"左"倾路线的统治，实际上确立了毛泽东的领导地位。正如毛泽东所说："遵义会议，实际上变更了一条政治路线。过去的路线在遵义会议后，在政治上、军事上、组织上都不能起作用了。"[1]遵义会议是党独立自主领导中国革命的开始，在危急关头挽救了革命，挽救了党，"这在党的历史上是一个生死攸关

---

[1]《毛泽东文集》第二卷，人民出版社1993年版，第373页。

的转折点"[1]。

恩格斯说:"我们的学说不是教条,而是行动的指南"[2]。马克思反对将自己的理论作为教条照搬照抄、机械套用。脱离实际、纸上谈兵实际上不是马克思主义,而是教条主义。马克思主义是发展的理论,是活的灵魂,它永远面向新的时代,永远关注和解决当下的问题,它不给我们提供标准的答案,而只是提供观察问题、认识问题、解决问题的方法。

马克思主义随着时代前进,随着一代又一代马克思主义者的推动,马克思主义与时俱进。列宁之所以发展马克思主义,就在于他不把马克思主义看作是神圣的教条。

矛盾——

> · 社会的变化,主要地是由于社会内部矛盾的发展,即生产力和生产关系的矛盾,阶级之间的矛盾,新旧之间的矛盾,由于这些矛盾的发展,推动了社会的前进,推动了新旧社会代谢。[3]
>
> ——毛泽东《矛盾论》

矛盾是马克思主义学说的精髓,对立统一规律是宇宙的普遍规

---

[1]《中国共产党中央委员会关于建国以来党的若干历史问题的决议》,人民出版社1981年版,第3页。

[2]《列宁选集》第二卷,人民出版社2012年版,第278页。

[3]《毛泽东选集》第一卷,人民出版社1991年版,第302页。

律，万事万物充满矛盾，正是这种矛盾和运动推动了人类社会发展。

马克思主义告诉我们，辩证法不承认绝对的、永恒的、静止的东西。马克思运用矛盾理论批判形而上学和宗教神学，揭示资本主义必然灭亡规律。

资本主义社会就是矛盾体，社会化大生产和生产资料私人占有之间就是矛盾，劳动与资本就是矛盾，资产阶级和无产阶级的对立就是矛盾。恩格斯在《路德维希·费尔巴哈和德国古典哲学的终结》中指出："生产过剩和大众的贫困，两者互为因果，这就是大工业所陷入的荒谬的矛盾，这个矛盾必然要求通过改变生产方式来使生产力摆脱桎梏。"[1] 这种矛盾充分说明资本主义的生产力和生产关系不可并驾齐驱，势必引起无产阶级革命，从而使社会主义代替资本主义。

矛盾学说还为我们提供了认识和观察人类社会客观规律的工具，能使我们认识矛盾的普遍性、特殊性，从而正确地解决矛盾，推动工作。毛泽东的《矛盾论》和《实践论》是对马克思主义矛盾学说的继承和发展。

实践——

人的思维是否具有客观的真理性，这并不是一个理论问题，而是一个实践问题。人应该在实践中证明自己思维的真理性，即自己思维的现实性和力量，自己思维的此岸性。[2]

——马克思《关于费尔巴哈的提纲》

[1]《马克思恩格斯文集》第四卷，人民出版社2009年版，第305—306页。

[2]《马克思恩格斯文集》第一卷，人民出版社2009年版，第500页。

实践的观点是马克思主义的显著标志之一，马克思主义坚持物质决定精神，存在决定意识，坚持实践是检验真理的唯一标准，强调实践对于推动革命斗争的伟大意义。

实践是检验真理的唯一标准。什么是检验真理的标准？由谁来评判真理？千百年来，可谓众说纷纭，"上帝是检验真理的标准""圣人是检验真理的标准""权势是检验真理的标准""金钱是检验真理的标准""实用就是检验真理的标准"。马克思主义的实践论告诉我们：检验真理的标准不是权势、不是金钱、不是主观意志，只能是实践。通俗的话讲就是"让实践说话""出水才见两腿泥"。

列宁在20世纪初领导俄国社会主义革命和建设过程中十分强调实践的重要性，指出："现在一切都在于实践，现在已经到了这样一个历史关头：理论在变为实践，理论由实践赋予活力，由实践来修正，由实践来检验。"[1]

千百万人的革命实践是真理的发源地，是检验真理的试金石。我们应该向人们大喝一声，"真理在这里，向它跪拜吧！"[2]

实践就是人民的实践。人民是创造世界历史的动力，人民是检验我们工作的最高裁决。尊重实践必然尊重人民群众的历史地位，尊重人民群众的伟大创造。

党的十八大以来，我们党继续推进改革开放的伟大实践，我们党坚持以人民为中心，把人民答应不答应、拥护不拥护、满意不满意作为检验工作的标准。正如习近平总书记在十三届全国人大一次会议上讲话中指出："人民是历史的创造者，人民是真正的英雄。波澜壮阔

---

[1]《列宁专题文集·论马克思主义》，人民出版社2009年版，第300—301页。

[2]《马克思恩格斯全集》第一卷，人民出版社1956年版，第418页。

的中华民族发展史是中国人民书写的！博大精深的中华文明是中国人民创造的！历久弥新的中华民族精神是中国人民培育的！中华民族迎来了从站起来、富起来到强起来的伟大飞跃是中国人民奋斗出来的！"人民是历史的创造者，是决定党和国家前途命运的根本力量。

实践就是不断发展的实践。随着实践的发展，头脑中的旧思想被突破，旧框框被打破了，引起认识的新飞跃，人类的科学发明和技术发明、人类思想的进步和理论创新都来自实践。

实践永无止境，人们的认识也永无止境。毛泽东指出："实践、认识、再实践、再认识，这种形式，循环往复以至无穷，而实践和认识之每一循环的内容，都比较地进到了高一级的程度。这就是辩证唯物论的全部认识论，这就是辩证唯物论的知行统一观。"[1] 只有经过不断的实践，面对新情况，解决新问题，才能使自己的主观认识符合发展的要求。也可以说，实践姓"新"，坚持实践就是要坚持不断发展。我们党正是从马克思主义的实践论和认识论出发，不断开拓新的实践，推进新的伟大斗争，开辟新的伟大征程。

转移——

> 这些原理的实际运用，正如《宣言》中所说的，随时随地都要以当时的历史条件为转移。[2]
>
> ——恩格斯《〈共产党宣言〉序言》

---

[1]《毛泽东选集》第一卷，人民出版社1991年版，第296—297页。
[2]《马克思恩格斯文集》第二卷，人民出版社2009年版，第15页。

橘生淮南则为橘，生于淮北则为枳。

一切以时间、地点、条件为转移，这是马克思主义活的灵魂，也是对教条主义、实用主义、本本主义的否定。因为德国不同于英国，欧洲不同于中国，马克思主义必须与中国实际结合，因为实际情况千差万别，必须区别对待，必须具体情况具体分析。马克思、恩格斯一贯反对把他们的学说当成"公式"到处乱套，当作"标签"到处乱贴，多次强调"一切以时间地点为转移""具体情况具体分析"。农村包围城市就是把马克思主义的武装斗争理论与中国实际相结合，就是把适应欧洲的"城市武装暴动""攻打中心城市"转化为适合中国国情的斗争方式和道路。

"一切以时间地点为转移"，这是马克思、恩格斯和列宁多次说过的话，马克思强调他们的理论只是方法，不是一成不变的教条。他要求他的后任者只能借用这种方法，而不能把它们当成公式到处乱套。列宁还指出："只有不可救药的书呆子才会单靠引证马克思关于另一历史时代的某一论述，来解决当前发生的独特而复杂的问题。"[1]马克思在许多经典著作中多次写序言，在这些序言中根据变化了的情况和不同的国家补充和完善自己的观点。

列宁也指出："我们决不把马克思的理论看做某种一成不变的和神圣不可侵犯的东西；恰恰相反，我们深信：它只是给一种科学奠定了基础，社会党人如果不愿落后于实际生活，就应当在各方面把这门科学推向前进。我们认为，对于俄国社会党人来说，尤其需要独立地探讨马克思的理论，因为它所提供的只是总的指导原理，而这些原理的应用具体地说，在英国不同于法国，在法国不同于德国，在德国又不同于俄国。"[2]

---

[1]《列宁选集》第二卷，人民出版社2012年版，第162页。

[2]《列宁选集》第一卷，人民出版社2012年版，第273—274页。

　　一千个人读马克思主义，会有一千个马克思主义者。这不是对马克思主义的歪曲，而正是马克思主义与具体实践的相结合，既然马克思主义是从实践中产生的，既然马克思主义不是死搬硬套的教条，那么就应当承认具体情况，进行具体分析。这就告诉我们，我们需要的是活的马克思主义，是具体的马克思主义，是与实际相结合的马克思主义，是与时俱进的马克思主义，必须从实际出发，具体情况具体分析。

　　习近平总书记在省部级主要领导干部学习贯彻党的十八届五中全会精神专题研讨班开班式上指出："要坚持具体问题具体分析，'入山问樵、入水问渔'，一切以时间、地点、条件为转移，善于进行交换比较反复，善于把握工作的时度效。"在抗击新冠肺炎疫情中，我们实行了差异化、地域化管理，不搞一刀切，有序地推进防控工作，既有效地应对了疫情的传播和蔓延，又保证了复工复产的顺利进行，这就是具体情况具体分析的生动体现。

　　正确的决策和路线都在于符合当时的形势，符合当时的实际需要，天时地利人和三者缺一不可，脱离时间和地点的实际情况就难免犯错误，对革命事业造成损失。

　　马克思指出："极为相似的事变发生在不同的历史环境中就引起了完全不同的结果。"[1]

　　一切从实际出发，一切以时间、地点、条件为转移，一切听从时代的召唤，就是对马克思主义最好的继承和发展。

---

[1]《马克思恩格斯文集》第三卷，人民出版社2009年版，第466页。

结合——

> 马克思主义的"本本"是要学习的，但是必须同我国的实际情况相结合。[1]

——毛泽东《反对本本主义》

把马克思主义基本原理同中国具体实际和时代特征相结合，探索回答中国革命、建设和改革中的重大理论和实践问题，是我们党总结正反两方面的长期历史经验确立的一个基本原则，是坚持和发展马克思主义的科学态度。我们党开辟的新民主主义革命道路、社会主义革命道路、社会主义建设道路、中国特色社会主义道路，都是把马克思主义基本原理同中国具体实际相结合的伟大创造。马克思主义不是包治百病的妙方，它无法为我们提供现成的答案。

早在1930年，毛泽东就鲜明提出："马克思主义的'本本'是要学习的，但是必须同我国的实际情况相结合。"[2]进入改革开放新时期，邓小平在深刻分析时代的新变化对马克思主义提出的新要求的基础上，强调"坚信马克思主义，但马克思主义必须与中国实际相结合。只有结合中国实际的马克思主义，才是我们所需要的真正的马克思主义"[3]。进入中国特色社会主义新时代，习近平新时代中国特色社会主义思想把马克思主义与新时代密切结合，不断开辟马克思主义

---

[1]《毛泽东选集》第一卷，人民出版社1991年版，第111—112页。

[2]《毛泽东选集》第一卷，人民出版社1991年版，第111—112页。

[3]《邓小平文选》第三卷，人民出版社1993年版，第213页。

的新境界，拓展马克思主义发展的新视野，推进马克思主义的新实践。习近平总书记在《纪念马克思诞辰200周年大会上的讲话》中指出："理论的生命力在于不断创新，推动马克思主义不断发展是中国共产党人的神圣职责。我们要坚持用马克思主义观察时代、解读时代、引领时代，用鲜活丰富的当代中国实践来推动马克思主义发展，用宽广视野吸收人类创造的一切优秀文明成果，坚持在改革中守正出新、不断超越自己，在开放中博采众长、不断完善自己，不断深化对共产党执政规律、社会主义建设规律、人类社会发展规律的认识，不断开辟当代中国马克思主义、21世纪马克思主义新境界！"

推进——

> 我们决不把马克思的理论看做某种一成不变的和神圣不可侵犯的东西；恰恰相反，我们深信：它只是给一种科学奠定了基础，社会党人如果不愿落后于实际生活，就应当在各方面把这门科学推向前进。[1]
>
> ——列宁《我们的纲领》

与时俱进是马克思主义特有的品质，马克思主义指明了人类社会发展的客观规律。以真理的精神追求真理，就要以实践的、实事求是的和与时俱进的精神来理解把握马克思主义的真理性。遵循马克思主义真理精神，来把握我们这个时代的本质，积极参与和持续推进新时代中国特色社会主义伟大实践。以发展的精神追求真理，不断赋予马

---

[1]《列宁选集》第一卷，人民出版社2012年版，第273页。

克思主义以新的时代内涵。

马克思主义是发展的，不是停滞的

实践永远是马克思主义发展创新的源泉。与时代同步、与实践同行，是马克思主义与时俱进的理论品质。只有用发展中的马克思主义指导新的实践，才是对马克思主义最忠诚的捍卫和发展。要随着实践的发展而发展，要用发展的实践丰富和发展马克思主义。

真理是一个过程，不是凝固的或现成的，只是开辟了通向真理的道路，真理性只有在人类实践的历史运动中才能显示出来。真理也不是一经得到就不再改变的，而是发展的，是一种不断深入现实中去的思想武器，是与时俱进的，马克思主义没有结束真理。马克思主义真理性体现在整个现代世界千变万化的过程之中，也体现在中国化马克思主义成果丰硕的发展进程中，体现在中国特色社会主义生机勃勃的历史进程中。

苟日新、日日新、又日新。太阳每天都是新的。马克思主义永远面向未来，永远随着实践的发展而发展，永远在发展中回答历史之问。因此，我们要随着时代的变化创造性地推动马克思主义发展，以马克思主义为指导不断开辟前进道路。毛泽东曾说：不知马克思，不是马克思主义者；等于马克思，也不是马克思主义者；超过马克思，才是真正的马克思主义者。

发展马克思主义并非对马克思主义基本原理否定，而是在坚持基本原理基础上突破与创新。发展就是不照抄照搬马克思主义的具体结论，而是用新的实践丰富和完善马克思主义，就是不拘泥于马克思列宁主义个别结论和判断，而是要敢于面对新问题做出新回答，就是要研究新情况、解决新问题、总结新经验。死搬教条、墨守成规，抱着昨天的理论不放，只能使马克思主义的泉水干涸。对马克思主义，发展是最好的坚持。

党的十八大以来，习近平新时代中国特色社会主义思想继承和发展了马克思主义。从马克思的世界历史理论到如今建设"一带一路"、实现经济全球化、构建人类命运共同体；从马克思的人民立场到以人民为中心；从马克思的生产力与生产关系的学说到改革开放不断深入；从马克思的人与自然关系到人与社会和谐共生、建设生态文明、构建人类美好家园。习近平新时代中国特色社会主义思想赋予了马克思主义新的时代内涵，开辟了马克思主义中国化的新境界。

马克思主义不是抽象的，而是具体的

只有具体的马克思主义，没有抽象化和公式化的马克思主义。马克思主义的实践性就是具体化。当年马克思、恩格斯多次说明德国的情况不同于英国，英国又不同于法国。无论《共产党宣言》还是《资本论》，马克思和恩格斯都多次为两篇著作写出序言，仅《资本论》的序言就有7篇，每篇序言马克思、恩格斯都强调要从当地的实际出发。在《共产党宣言》德文新版上由两位作者署名的最后一篇序言，注明的日期是1872年6月24日。在这篇序言中，作者卡尔·马克思和弗里德里希·恩格斯说，《共产党宣言》这个纲领"现在有些地方已经过时了"。

列宁也指出："谁按旧方式提出资产阶级革命的'完成'问题，谁就是为死教条而牺牲活的马克思主义。"[1]

马克思主义活的灵魂就是一切从实际出发，就是"到什么山唱什么歌"，就是"具体情况具体分析"，盛夏有时下雨，一路之隔、一河之隔，一边是大雨倾盆，一边是红日当头，俗称"五黄六月隔牛

---

[1]《列宁全集》第二十九卷，人民出版社1985年版，第139页。

背"。这些都说明"具体问题具体分析"多么的重要。

中国共产党人的可贵之处正在于，他们不会把马克思主义当作机械的教条，而是坚持"解放思想，实事求是，与时俱进"。在他们眼里，在多元矛盾并存而又相互转化的复杂世界，不能用一种教条式理论来把握；高速变化的发展和建设进程，不能用一种静态的思路来指导；十几亿人参与其中的创造活动，不能用一种变化的模式来裁决。再好的理论，也需要根据现实不断创新。

马克思主义不是封闭僵化的，而是开放的

山不辞微尘，所以成其高；海不绝细流，所以成其深。马克思主义是在开放中形成的，开放性是马克思主义的重要特征。科学性必然是开放性。正如列宁所说：马克思主义本身的思想来源，就在于它批判地吸收了当时世界上三个最先进国家的三种主要思潮：即德国的古典哲学、英国的古典政治经济学和法国的空想社会主义。马克思对资本主义全部历史时代的文明成果充分吸收，既"抛弃"资本主义的糟粕，无情地批判资本主义，又吸收资本主义的发展经验和成就。马克思主义尽管产生于资本主义时代，但具有世界胸怀，它吸收了工业文明、现代科技、殖民主义、民族解放、世界大战、两大阵营、冷战思维、商品生产等方面的文明成果，内容博大，胸襟开阔，面向世界，在开放的潮流中不断发展。

当今世界格局正处在加快演变的历史进程之中，产生了大量深刻复杂的现实问题，提出了大量亟待回答的理论课题，回答这样的课题，用封闭的马克思主义当然不行，只有用开放的马克思主义才能回答时代之问。如，马克思在当时的年代，由于历史的局限，没有也不可能对市场经济作出论述，对私有制的发展并没有作出预见。然而，100多年的实践发展，尤其中国的发展实践证明，我国

仍然处于社会主义初级阶段，对私有制不可能很快铲除，而且还要与公有制长期共存，市场经济也是中国发展不可逾越的阶段，将长期存在。

改革开放以来，我们把社会主义与时代特征结合起来，把社会主义与改革开放结合起来，把市场经济和社会主义制度结合起来，把"看不见的手"和"看得见的手"结合起来，改变把实行单一公有制看作是社会主义唯一模式的传统观念，而是把私有经济作为社会主义市场经济的一个重要组成部分，明确提出"两个毫不动摇"，即毫不动摇地巩固和发展公有制经济，毫不动摇地鼓励、支持和引导非公有制经济发展，进一步坚定了坚持和完善基本经济制度的决心，推动了社会主义制度的自我完善和发展，赋予了社会主义的生机和活力。改革开放是对马克思主义理论的突破性发展，许多理论与实践都来自对实践的概括和总结，马克思主义的经典里找不到现成的答案。

马克思主义是宽广的海洋，它在澎湃着、包容着，它在曲折着、前进着。

坚持和运用——

我们要坚持和运用辩证唯物主义和历史唯物主义的世界观和方法论，坚持和运用马克思主义立场、观点、方法，坚持和运用马克思主义关于世界的物质性及其发展规律，关于人类社会发展的自然性、历史性及其相关规律，关于人的解放和自由全面发展的规律，关于认识的本质及其发展规律等原理，坚持和运用马克思主义的实践观、群众观、阶级观、发展观、矛盾观，真正把马克思主义这个看家本领学精悟透用好。

——习近平总书记在纪念马克思诞辰200周年大会上的讲话

坚持和运用是对马克思主义的科学态度。一方面，要坚持马克思主义的人民立场、基本原理和基本观点。另一方面，要将马克思主义与实际相结合，运用马克思主义指导实践。马克思主义不是教义而是方法，不是僵化的理论，而是行动指南，马克思主义要在实践中不断完善和丰富。运用不是套用，机械地套用马克思主义的个别论述，生搬硬套地对待马克思主义，只能成为字句的俘虏。坚持和运用马克思主义不是照抄照搬马克思主义的具体结论，马克思个别过时的提法和表述要摒弃，不能拘泥于马列个别结论和判断，而是要研究新情况、解决新问题、总结新经验、做出新回答。死搬教条、墨守成规，只能使马克思主义的泉水干涸。对马克思主义发展和运用就是最好的坚持。只有这样，才能使马克思主义永远显示真理的光芒。

我党历史上，王明、李立三、博古等机会主义者生搬硬套马克思主义理论，使我们党吃了大亏。以毛泽东同志为代表的中国共产党人从实际出发，把马克思主义运用于中国革命的实践之中，从而指导革命实践，开辟了一条通向胜利的道路，推翻了三座大山，建立了新中国。

进入新时代，以习近平同志为核心的中国共产党人将马克思主义运用于新时代中国革命和建设的伟大实践，用马克思主义解决当代面临的现实问题，赋予了马克思主义新内涵，开辟了马克思主义新境界，发展了马克思主义，用马克思主义回答历史之问、时代之问、人民之问，谱写了马克思主义中国化时代化的新篇章，产生了习近平新时代中国特色社会主义思想，这就是中国21世纪的马克思主义。

党的二十大报告指出，实践告诉我们，中国共产党为什么能，中国特色社会主义为什么好，归根到底是马克思主义行，是中国化时代化的马克思主义行。这两个"行"就是马克思主义中国化时代化的经验总结和成功启迪。

一下子——

> 能不能一下子就把私有制废除？不，不能，正像不能一下子就把现有的生产力扩大到为实行财产公有所必要的程度一样。因此，很可能就要来临的无产阶级革命，只能逐步改造现今社会，只有创造了所必需的大量生产资料之后，才能废除私有制。[1]
>
> ——恩格斯《共产主义原理》

"一下子"指的是一下子消灭私有制。马克思、恩格斯对私有制的存在的长期性估计不足，曾提出很快消灭私有制、铲除资本主义的设想。后来随着实践的发展，马克思看到了资本主义存在的长期性，因而提出"我们错了，现实和我们当初的想法越走越远"。因此又提出了"两个决不会"的论述，即无论哪一种社会形态，在它所能容纳的全部生产力发挥出来之前，是决不会灭亡的；而新的更高的生产关系在它的物质存在条件，在旧社会的胎胞里成熟之前，是决不会出现的。马克思指出："无产阶级将利用自己的政治统治，一步一步地夺取资产阶级的全部资本，把一切生产工具集中在国家即组织成为统治

---

[1]《马克思恩格斯选集》第一卷，人民出版社2012年版，第304页。

阶级的无产阶级手里，并且尽可能快地增加生产力的总量。"[1] 从"一下子"到"两个决不会"，从"一下子"到"一步一步"，正是马克思依据实践的发展而做出的科学论述。

十月革命后，急于跨入共产主义的苏联遭到了严重失败，列宁从十月革命胜利后的激情中冷静下来，认识到共产主义是长期的过程，不可能一蹴而就，从战时共产主义到新经济政策，从对农民小商品经济的封锁、取缔到允许发展，都体现了列宁思想的变化。我国也曾有过一步跨入共产主义的深刻教训，"浮夸风""大跃进""一大二公""跑步进入共产主义"使我们遭受严重的挫折，历史的教训告诉我们，"共产主义是一个极其艰难而漫长的过程"，必须遵循客观规律，循序渐进，遵循量变到质变的客观规律，不能忽视长期的积累而凭主观愿望进行革命和建设，否则就会受到惩罚。正如列宁所说：谁蔑视辩证法，谁就会受到惩罚。

"一下子"说明的是欲速则不达，说明必须遵循客观规律，坚持实事求是，一切从实际出发，这是我们在今后推进民族复兴伟大征程中所要汲取的宝贵经验和教训。共产主义不可能唾手可得、一蹴而就，但不能因为实现共产主义理想是一个漫长的过程，就认为那是虚无缥缈的海市蜃楼，就不去做一个忠诚的共产党员。实现共产主义是共产党人的最高理想，而这个最高理想是需要一代又一代人接力奋斗的。

---

[1]《马克思恩格斯选集》第一卷，人民出版社2012年版，第421页。

问题——

> 问题是时代的格言，是表现时代自己内心状态的最实际的呼声。[1]
>
> ——马克思《集权问题》

问题是时代的声音。马克思主义在回答当代问题中产生，并且不断丰富发展。在马克思所处的年代，马克思主义从研究资本主义生产方式入手，揭示了资本主义社会生产方式的基本矛盾及其发展规律，回答了资本主义向何处去、人类社会向何处发展的时代问题，阐明了资本主义必然被社会主义共产主义代替的必然性，为人类解放指明了方向。

如今，我们所处的时代和马克思所处的年代有所不同，所面临的问题也不同。党的十八大以来，国际国内出现了很多新情况新问题、新挑战新风险、新困难新矛盾，主要是人民日益增长的美好生活需要和不平衡不充分的发展之间的社会矛盾。

马克思主义与中国实际相结合，就要直面新的问题和新的矛盾，在解决问题的过程中使马克思主义焕发强大的生命力。习近平总书记也深刻指出："只有立足于时代去解决特定的时代问题，才能推动这个时代的社会进步；只有立足于时代去倾听这些特定的时代声音，才能吹响促进社会和谐的时代号角。"

党的十八大以来，习近平总书记对关系新时代党和国家事业发展

---

[1]《马克思恩格斯全集》第一卷，人民出版社1995年版，第203页。

的一系列重大理论和实践问题进行了深邃思考和科学判断，就新时代坚持和发展什么样的中国特色社会主义、怎样坚持和发展中国特色社会主义等重大问题，提出了一系列原创性的治国理政新理念、新思想、新战略。迎难而上，在马克思主义与中国实践相结合的过程中解决突出问题，使马克思主义不断发展，彰显出改造世界的强大力量。

后记

太阳走，我也走

不知不觉，在学习马克思主义的路上已跋涉了六年。值此辽宁人民出版社将《马克思主义100个关键词》一书出版之际，写一点体会作为后记。

对马克思主义的学习研究起于偶然。有一次看到一本介绍马克思、恩格斯生平的小册子，书页早已发黄，但随意翻阅就被书中内容所吸引，这种好奇使我对马克思主义有了学习的兴趣。于是，走进图书馆，购买有关书籍，开始埋头学习。退休之后，便一心扑在马克思主义学习研究上。我常常到郑州图书馆马克思主义书籍专柜查阅资料，一百多本书籍被我借了送，送了再借，闭上眼睛也能找到专柜的位置。

我由于眼睛黄斑病变，视力减弱，为了看清字，不得不像一个"趋光虫"。学习桌上一个屋顶灯和两个日光灯，"三灯"齐照。一到春天、夏天，我一大早就带上书本到小区看书。一小亭、一石桌、一凳子，明媚的阳光，可谓寸银寸金。打太极拳的人在身边起舞，遛狗的人从身旁走过，"萝卜白菜各有所爱"，静静地阅读何曾不是一种享受。

秋天和初冬，小区依然明媚，但却有些冷，我只好在阳光下读书。但阳光不时地移动，为了享受阳光，"太阳走我也走"，我抱着凳子不时地换地方，追逐着阳光和温暖。久而久之，坐的凳子已经明显地凹了下去。

　　学习马克思主义始终伴随着我的退休生活，旅游、休闲、娱乐与我擦肩而过，也没有了休息日。每天只有从家到工作室的两点一线，早出晚归，日复一日，年复一年。到了星期天，两个外孙要缠着我玩，为了阻挡我到工作室，一个在前面堵，另一个在后边又是抱腿又是拦腰，只能趁他们不注意悄悄走出去，随着"砰"的关门声，身后就传出外孙的哭叫声，"姥爷又走了！"

　　仿佛是生物钟的作用，几乎每天凌晨三四点，我都能"按时"起床，四周漆黑一片，我打开客厅所有的灯，灯火通明，此时万籁俱静，却能文思泉涌。难怪马克思曾说，我总是在夜深人静的时候磨砺自己的武器。我不由想起那句古语"三更灯火五更鸡，正是男儿读书时"。然而，灯一灭，由于无法适应突然的漆黑，双眼一抹黑，客厅有乱放的玩具，为了不碰出声音影响家人休息，我只好如同盲人小心翼翼地移动走向卧室，那一刻，如同虔诚的信徒。

　　勤能补拙。六年来，我和助手先后写下了大量的读书笔记和摘抄，用过的资料堆起来就有半人之高。先后写出了《马克思主义一百问》《马克思主义100个关键词》《学习马克思主义随笔》《走近马克思》等书，其中两本已被河南人民出版社和辽宁人民出版社出版。河南《时代报告》杂志连续5期发表了我所写的《马克思主义系列谈》15篇文章，《老人初秋》杂志以"让马克思主义真理永放光芒"为题报道了我学习宣传马克思主义的点点滴滴。经过不断的学习，我能用马克思主义分析现实和热点问题，先后写出了《用马克思主义指导战"疫"》《甲骨文里的马克思主义》《用马克思主义指导考古》等文章。河南省子贡文化研究会每月一次的研讨会，都给我留20分钟时间讲解马克思主义，作为"压轴戏"。

　　在六年的写作过程中，除了完成书稿，不知不觉搜寻打印马克思主义的有关资料，不经意间这一百多万字成为马克思主义的资料库。

只要搜寻有关词汇，便能立即找到马克思的有关论述、名言警句、基本观点、伟大人格、主要生平，想要啥就有啥，这资料库被我称为"聚宝盆"。由于经常翻阅，我能大段地背诵马克思的有关论述。有一次在资料库上随意点击"是"与"不是"，居然检索出十多句这样的句式："不是意识决定生活，而是生活决定意识""历史不是'神'的启示，而是人的启示""是人创造了宗教，而不是宗教创造了人""资本不是个人力量，而是一种社会力量""商品不是物，而是一定的生产关系""工人出卖的是自己的劳动力，而不是劳动""资本不是物，而是一种以物为中介的任何人之间的社会关系"。看似意外，实属必然，因为马克思主义只崇拜真理，勇于怀疑一切，敢于否定前人所作过的结论，"不是，而是"折射出马克思独特的思维和对真理的探索，马克思主义正在"不是，而是"中间诞生，在同各种错误思想思潮的斗争中成长壮大，从而占领真理和道义的制高点。

习近平总书记指出：中国共产党为什么能，中国特色社会主义为什么好，归根到底是马克思主义行，是中国化时代化的马克思主义行。党的十九大后，为了宣传马克思主义真理的力量，经过多月的努力，完成了《马克思主义为什么行》大型展览的撰稿。在有关部门的支持下，在郑州图书馆举办了《马克思主义为什么行》大型展览。展览共分十个部分：与人民站在一起；站在科学之巅；坚硬的石块砸碎千年的神；锻造革命武器；敢问路在何方；改变旧的世界；伟大的人格；为了人类解放；马克思主义改变中国；21世纪中国化的马克思主义。马克思主义的基本原理以通俗化的语言讲解出来，马克思主义的真理力量和马克思伟大的人格力量同时展现，许多鲜为人知的故事穿插其中，马克思的名言警句如同闪光的珍珠，马克思主义就这样走进了人们的心中。一个多月的展出，先后有2万多名观众参观，不少领导也参观展览并给予鼓励。《人民日报》以"马克思主义为什么行 展览引起广泛关注"为题进行报道。

2021年春天，河南农业大学马克思主义学院将《马克思主义为什么行》主题展览搬进校区。开幕式那天，省教育厅领导说："没想到，你一名退休老干部是撰稿人。"他接着说："中原艺术学院上演的马克思主义话剧《为真理而斗争》也很好。"我接着说："我是编剧。"他又说："省新闻出版学院排演的马克思主义短剧也很动人。"我又说："也是我编写的。"教育厅领导惊讶地说："真没想到！""是我，是我，还是我"，能为宣传马克思主义做点贡献，幸事！回顾研究马克思主义的经历，我也深刻体会到，专注不分年龄，一旦专注就是力量。

感谢自己，对于一个没有系统学过马列理论的人，仅凭专注的精神，够了！感谢领导和朋友们的关心支持，对于一个退休干部，有这么多人的关心和支持，够了！感谢伟大的时代，对于一个受党教育的老党员，能够为21世纪的马克思主义鼓与呼，仅凭时代的召唤，够了！

还要感谢那本发黄的小册子，它引导我走进马克思主义，使我退休后与马克思主义为伴，每天充实而不知疲倦。